그을린 얼굴로 웃기가
왜 이렇게 어렵지

그을린 얼굴로 웃기가
왜 이렇게 어렵지

김예림

서문

책 읽는 내가 선 자리

페미니즘을 공부하기로 결심한 계기는 단순하다. 여성혐오와 미러링이 논쟁적인 사회 주제로 떠오르던 2015년, 나는 누군가 내게 '그래서 페미니즘이 뭐야?'라고 물어올 때 답할 탁월한 답변을 찾고 싶었다. 당시 페미니즘을 여성우월주의, 여자 일베 등으로 묘사하는 경우가 흔했음에도 나는 페미니즘이 궁금했다. 왠지 그것이 내 세계를 바꿀 것 같았다.

그래서 더 공부하고 싶었다. 그런데 나는 대학에 진학하지 않고 직업을 가졌다. 지역 월간지를 만드는 기자 일이었다. 충북 옥천에 집을 구해 살았다. 그곳에서 내 손을 덥석 잡는 아저씨를 만났다. 나는 주로 아가씨로 불렸다. 장가 못 간 막둥이 아들을 둔 이들에게 수시로 며느리감이 됐다. 회사 선배는 밤 늦게 오는 취재원 연락은 받지 말라고 조언했다. 신세한탄만 하는 일상이 슬프기보다 답답했다. 지역과 달리 많은 페미니즘 강연과 모임이 열리는 서울을 선망했다. 왠지 그곳이라면 내 세계가 달라질 것 같았다.

하지만 계속 옥천에서 일했다. 다행히 옥천에서도 좋은 페미니즘 강연이 종종 열렸고, 뜻 맞는 사람들과 페미니즘 독서 모임을 할 수도 있었다. 그러던 중 지리산 자락 남원시 산내면에서 '아주 작은 페미니즘학교 탱자'가 문을 연다는 소식을 들었다. 마침 옥천에 탱자 전담 교수인 박이은실 선생님이 강의를 하러 왔다. 선생님은 벨 훅스의 정의에 따르면 페미니즘은 '성차별에 의한 모든 폭력과 억압을 종식하는 것'이라고 설명했다. 그 정의에는 내가 아직 잘 모르는 많은 것이 숨어 있는 것 같았다. 그래서 나는 아주 작은 페미니즘학교 탱자에 입학했다.

탱자는 1기 신입생이 나를 포함해 세 명인, 정말 작은 학교였다. 우리는 매주 한 권씩 책을 읽고, 그 책에 관한 서평을 쓰고, 한 달에 한 번씩 동영상 강의를 시청하고, 에세이를 작성했다. 나는 대체로 불성실한 학생이었지만, 한 달에 한 번 있는 오프라인 수업에서 읽을 에세이만큼은 꼬박꼬박 썼다. 그달에 읽은 책에 따라 에세이 주제는 엄마의 가사노동, 내 몸에 남은 브래지어 자국, 직장 상사, 꾸밈 노동 등으로 바뀌었다. 읽은 책이 너무 좋을 때는 글을 쓰다가 저자의 말을 자꾸 복기했다. 그렇게 19세기 프랑스에서의 여성 참정권 운동부터 제2물결 페미니즘까지, 여성의 가사노동부터 육식의 성정치까지 온갖 파도를 오르내렸다. 퇴근 후 책장을 넘기다 보면 아침 해가 떠올랐다. 그렇게 1년을 보냈다.

결과적으로 페미니즘은 내 세계를 바꿨다. 이 책은 내가 대학에 갔다면, 서울에 살았다면, 만나지 못했을 사람들과 이야기 나누며 쓴 글을 모은 것이다. 페미니즘 에세이지만, 다른 누구도 아닌 내가 선 자리에서 바라본 세상에 관한 이야기다. 그리고 대안학교를 졸업해 세상에 나서고 보니 세상이 내 생각과 너무 다르게 굴러간다는 사실을 깨달은 나 자신, 비대학 청년으로서 지역에서 페미니즘을 공부한 나 자신을 향한 격려다.

이 책에서 만날 여러 저자의 말과 글이 당신에게도 의미 있기를 소망한다. 여기에 곁들인 내 슬픔과 사랑이 당신의 마음 한 구석에 들어앉기를 소망한다. 그리고 당신이 선 자리에서 바라본 세상을 서둘러 적어두기를 청한다. 언젠가 그 기록을 모아, 먼 훗날 어떤 이들의 말과 글과 행동이 오늘을 만들었는지, 우리가 증언하기로 하자.

2021년 4월
김예림

차례

5	서문	책 읽는 내가 선 자리
10	1	동굴 밖으로 나와 봐, 우리는 '아무것도 아니야'
18	2	300년 전 여성의 권리 옹호
26	3	21세기, 행위하는 인간의 조건
36	4	나를 위한 게임
42	5	낡은 것은 도태하고 새로운 것은 떠오른다
50	6	길 잃은 남자를 위한 친절한 이정표
56	7	다정함의 기술
66	8	한 번도 꺼낸 적 없는 이야기를 하려고 해
76	9	육식인의 전복
84	10	그을린 얼굴로 웃기가 왜 이렇게 어렵지
94	11	너 가짜로 살고 있구나
102	12	우리가 앓는 장애
110	13	일탈이 일상이 되는 세상을 위하여
118	14	이방인의 집
128	15	자기만의 방 바깥으로 떠난 여행
138	16	혁명의 그늘진 곳을 비추다
148	17	자급의 삶을 살고 싶다고요
160	18	기록되지 않은 노동자가 고난에 응답하는 법
170	19	우리의 입술이 저절로 말할 때
176	20	뒤늦은 선언

············· 1 ·············

동굴 밖으로 나와 봐,
우리는 '아무것도 아니야'

『제2의 성』

시몬 드 보부아르 지음, 조홍식 옮김, 을유문화사, 1993.

『제2의 성』 마지막 장을 다 읽고서야 긴장이 풀렸다. 자꾸 보부아르의 얼굴이 그려졌다. "여자는 태어나는 것이 아니라 만들어지는 것이다"*라는 문장을 쓰기까지, 또 그 이유를 찾고자 생물학적 분석을 해나가는 동안 보부아르는 아주 치열한 표정이었을 듯하다. 여성이 타자화되는 이유에 대한 보부아르의 치밀한 질문을 따라가며 나도 모르게 입술을 앙다물었다. 언젠가 내게 찾아온, 답을 듣지 못한 질문들이 다시 떠오르기도 했다.

    태어나 처음으로 "여자애니까 다리를 오므려야지"라는 말을 들었던 순간, 햇볕에 탄 얼굴을 신경 쓰기 시작하던 순간, 남자애한테 선택받지 못해 전전긍긍하던 순간, 내가 어떤 생각을 했었는지 잘 기억나지 않는다. 내가 왜 그래야 하는지 고민했던가. 아니면 여성적 이미지에 부합하지 못하는 나 자신이 미웠던가. 뭐가 됐든 스스로를 부정하는 상황을 겪을 때마다 내 얼굴은 구겨졌다. 몸과 마음이 자랄수록 더 많이 알아야 하는 것들이 있는데, 그걸 알아내는 일도 어려웠다. 이를 테면 즐거운 섹스를 하려면 어떻게 해야 하는지, 만약 임신을 했다면 어떻게 대처하면 좋은지, 누군가 함부로 나를 만진 기억이 하루가 지나도 떨쳐지지 않는다면 어

---

*   시몬 드 보부아르, 『제2의 성』, 조홍식 옮김, 을유문화사, 1993, 392쪽.

떤 표정을 지어야 하는지 등에 관한 적절한 답은 누군가 쉽게 알려주는 주제가 아니었다.

억압에 익숙해진 상황에서는 억압의 이유를 묻기가 오히려 어렵다. 몸은 저절로 움츠러들고, 억압을 당해도 그냥 그게 옳다고 여긴다. 움츠리는 사람이 있어도 아무렇지 않게 흘러가는 세상은 다시 수많은 움츠린 사람들을 동굴 속으로 등떠민다. 그런데 냄새 나는 동굴이 세상의 전부인 줄 아는, 세상에서 밀려난 사람들에게 다음과 같은 이야기가 전해진다. "여성의 모든 역사는 남성에 의하여 만들어졌다는 것"*. 답은 질문을 잊지 않는 사람에게만 찾아온다.

동굴 밖으로 한 걸음 걸어 나와 처음 발견하는 실체는 이런 것이다. "인간은 자연의 종이 아닌 역사적 관념"이며 "여자는 응고된 현실이 아니라 하나의 생성"**이라는 것이다. 인간은 자신을 자연과 분리하고, 여러 신화와 문화를 만들어내면서 고래, 호랑이, 개구리, 물고기와 분리된다. 아이를 잉태하고 낳는 '어머니'를 신성하게 여기며, 어머니에게 아이를 자기 자신보다 더 극진히 돌볼 것을 요구한다. 그러나 모성애는 한쪽 성에 의해 만들어진 불평등한 역사적 관념일 뿐이다. 물고기의 교미·양육 방식만 봐도 암컷은 수컷

---

* 시몬 드 보부아르, 앞의 책, 202쪽.
** 시몬 드 보부아르, 앞의 책, 67쪽.

못지않은 자주성을 갖는다. 물고기의 "수정 작용은 거의 언제나 몸 밖에서 이루어진다. (중략) 어미는 난자를 배출하고 아비는 정액을 배출한다. 그러므로 그들의 역할은 같다. 어미가 아비 이상으로 알 제 것이라고 생각할 이유는 없다."* 인간 어머니들이 시달리는 모성의 실체가 무엇인지 물고기에게 물을 수는 없는 일이다.

인간은 교미기가 정해져 있는 다른 동물과 달리 임신을 쉬지 않는다. 대지를 떠도는 유목민 여성에게 시도 때도 없이 찾아오는 출산은 무용하고 귀찮은 일이었다. 유목민을 떠올리면, 현대인의 이성 깊숙이 숨은 본성도 그와 같지 않을까 생각한다. 나는 영화 〈케빈에 대하여〉에서 끝없이 우는 아이를 시끄러운 공사장에 데려간 에바의 모습에 공감했다는 지인들의 말을 여러 번 들었다. 그들은 혈육인 아이가 죽도록 미웠다는, 사회가 금지하는 불온한 고백까지 털어놓았다.

보부아르의 두꺼운 책만큼 긴 역사를 거슬러 올라가 봐도, 나로서는 여성이 불온한 고백까지 털어놓아야 하는 명확한 이유를 찾을 수 없다. 농경사회에서도 여자가 자주적 역할을 했음을 생각하면 단순히 힘의 차이로 인해 여성이

---

* 시몬 드 보부아르, 앞의 책, 51쪽.

차별받는다고 볼 수는 없다. 힘의 차이가 이유라면 기술이 나날이 발전하는 세상에 존재하는 차별은 뭐라고 설명할 것인가. 보부아르는 다음과 같이 말한다. "우리가 거부하는 것은 생물학적 조건이 여자에 대하여 움직일 수 없는 숙명을 부여하고 있다고 하는 생각이다. 이것만으로는 남녀의 계급을 결정하는 데 결코 충분하지 않다."* 보부아르는 남녀의 계급이 나눠진 역사에 '타자'라는 설명을 더한다. 인간은 자기를 생각할 때 반드시 타자를 생각하고, 타자를 통해 자신을 정립한다는 것이다. "여자가 남자의 눈에 타자의 차원을 유지하고 있을 순간부터 남자는 여자의 압제자가 되는 수밖에 없었다. 확장과 지배를 꾀하는 남성의 의지는 여성을 무능력의 저주로 바꾸었다."**

유발 하라리는 『사피엔스』에서 호모 루돌펜시스, 호모 에렉투스, 호모 네안데르탈렌시스라는 인간종이 살았던 지구에서 어떻게 호모 사피엔스 한 종만이 살아남았는지 질문을 던진다. 그는 '협력'이 호모 사피엔스를 다른 인간종보다 우위에 있게 해주었다고 썼다. 유발 하라리는 호모 사피엔스가 협력을 통해 더 신체 능력이 좋은 다른 인간 종과 거대한 동물을 지구상에서 없앤 역사를 나열한다. 그리고 농업

---

* 시몬 드 보부아르, 앞의 책, 65쪽.
** 시몬 드 보부아르, 앞의 책, 119쪽.

혁명에 대한 장에 이르러서는 "거의 모든 문화가 여성성보다 남성성을 가치 있게 여기는 데는 모종의 보편적인 생물학적 이유가 존재할 가능성이 매우 크다"*고 말한다. 그렇다면 여성은 왜 육체적 노력이 필요 없는 정치인 같은 직업에서도 배제되는가. 여성은 왜 들일이나 수공예, 가사노동처럼 힘든 육체노동에도 종사하는가. 유발 하라리는 이 점은 의문이라고 적었다.

이 의문에 보부아르가 답하는 듯하다. 남녀 계급화는 생물학적 조건이 아닌 '타자성'에 의해 이루어진 거라고 말이다. 긴 인류 역사 내내 여성은 지겨울 만큼 끊임없이 전시돼왔다고 말이다. 여성은 대지의 신비를 품은 어머니였다가, 추악한 마녀였다가, 그리스도의 종이었다가, 남성과 동등한 존재였다가… 얌전하고 신비로운 여자라는 석상을 앞에 두고 이게 무엇인지 토의하는 남자들 앞에서 여성은 철저한 타자다.

지금 이 시간에도 수많은 여성이 여성의 숙명과 개인의 일과를 함께 이어간다. 또 한편에서는 이제 여성이 짊어진 숙명이 거의 없어졌다고, 보다 더 중요한 문제를 해결해 보자고 말한다. 현실에서 나는 아직 여자인데, 어떤 자리에

---

* 유발 하라리, 『사피엔스』, 조현욱 옮김, 김영사, 2015, 224쪽.

서는 동등한 인간이고, 책을 펼치면 다시 여자이고, 이불에 누우면 나는 그냥 나이고 싶고, 으아아 그럼 대체 나는 '누구'란 말인가 하며 머리를 쥐어뜯을 때쯤 보부아르가 속삭인다.

> 사실 여자도 자기가 '누구라고' 단정하기가 곤란할 것이다. (중략) 어떤 실존자도 그가 행하는 것 외에 아무것도 아니다. 본질은 실존을 선행하지 않는다. 그 순수 주관성에서 인간은 '아무것도 아니다'.*

---

* 시몬 드 보부아르, 앞의 책, 80쪽.

.... 2 ....

300년 전 여성의 권리 옹호

『여성의 권리 옹호』
메리 울스턴크래프트 지음, 문수현 옮김, 책세상, 2018.

지역 월간지 기자의 주요 취재거리 중 하나는 할머니 인터뷰이다. 짧게는 60년, 길게는 90년간 살아온 할머니의 일생을 기사에 담는다. 우선 인터뷰이 섭외를 위해 할머니들이 매주 모이는 한글학교에 찾아가 연락처와 집주소를 받는다. 이때 자신의 연락처나 집주소를 잘 모르시는 경우가 있는데, 큰 문제는 아니다. 그들은 부여받은 번호보다 더 입체적인 설명을 할 줄 안다. '골짝 버스 정류장에 내려서 파란 대문집 지나 큰 감나무 쪽으로 쭉 올라오면 있는 꼭대기 집'이라는 설명만으로도 나는 할머니네를 찾아낸다.

나는 할머니를 인터뷰하러 가기 전에 늘 긴장한다. 할머니들은 다른 인터뷰이보다 섭외가 어려운데, 병원에 다니거나 연례행사에 참여하느라 늘 바빠 인터뷰 뭐시기를 하겠다는 기자의 방문을 귀찮아해서다. 겨우겨우 설득하고 섭외하고 찾아내 인터뷰 물꼬를 튼다. 말을 꺼내기 시작한 할머니는 생각보다 할 얘기가 많아서 '책 열 권으로 엮어도 안 된다'는 말을 반복하거나, 훌쩍이거나, 더 이상 말하지 않는다. 그들은 내가 상상할 수 없을 만큼 아주 오래 살았다. 나는 상상할 수 없는 시대를 듣고 쓴다.

내가 살아본 적 없는 시대를 느끼는 건 어디까지 가능한가.

그 시대란, 여자아이 대부분이 19살, 늦어도 24살 이전에 중매로 결혼하던 시대를 뜻한다. 여자아이는 집이 가난해서든 가부장적인 아버지 탓이든 학교에 가는 대신에 가사노동에 종사했던 시대, 시댁에서 아침부터 저녁까지 일해도 아들을 낳지 못하면 무능력한 며느리가 되던 시대다. 할머니들은 말한다. 물을 길러오다 넘어져도 깨진 옹기를 먼저 걱정했다고. 자신이 아이를 낳자마자 뺏어 품에 안는 시어머니를 보고도 가만히 있어야 했다고. 아득바득 장사해 벌어온 돈을 남편이 노름으로 탕진해도 계속 같이 살았다고. 아이가 해도 뜨지 않은 새벽부터 먼 길을 걸어 학교에 가는데 용돈 한 번 쥐어주지 못하는 게 미안해서 그렇게 울었다고. 나는 이야기를 믿을 수가 없어서 슬프지조차 않았다. 당사자인 할머니는 여자가 그렇게 사는 게 너무 당연한 시대를 지나온 탓에 아무렇지 않은 것 같았다.

메리 울스턴크래프트가 쓴 『여성의 권리 옹호』를 읽을 때도 비슷한 느낌이었다.

먼 미래에 내가 지향하는 바를 넌지시 말한다면 나는 비웃음을 살지도 모르겠다. 현재 여성들은 정부의 논의들과 관련하여 어떠한 직접적인 발언권도 없이 독단적인 지배를 받고 있을 뿐이지만, 나는 언젠가는 여성들이 자신들의 대표자를 가져야 한다고 생각하기 때문이다."*

이 대목을 읽으며 할머니의 시대를, 그리고 울스턴크래프트가 살았던 시대를 상상한다. 지금은 당연히 주어지는 기초교육과 참정권이 당연하지 않았던 시대. 읽고 쓸 줄 모르고, 시민으로 인정받지 못하는 와중에도 주어진 일에 너무 성실해서 집안을 일으켜 세우고 아들을 일곱씩 낳아 집안의 자랑이 된 며느리가 살아낸 시대. 최대한의 성공이 자랑스러운 며느리일 뿐인 여자들의 이야기가 참 슬프다. 나보다 300여 년을 앞서 살았던 울스턴크래프트 역시 어떤 슬픔을 안고 살았을 것이다. 하지만 끊임없이 배움을 갈망하고 요구했던 울스턴크래프트의 삶은 마냥 허전하게만 느껴지지는 않는다.

남겨진 기록으로나마 울스턴크래프트의 일상을 그려본다. 사랑하는 남자와 연애하며 아이를 낳고, 이미 결혼한 다른 남자와 사랑에 빠지기도 했던 울스턴크래프트는 가정교사 일과 글쓰기로 생계를 이어나갔다. 울스턴크래프트는 그 시대에 뭐라 규정할 수 없는 특별한 사람이었을 것이다. 서른세 살에 일찍이 시대와 남성들의 잘못을 비판하며 여성이

---

* 메리 울스턴크래프트, 『여성의 권리 옹호』, 문수현 옮김, 책세상, 2018, 144쪽.

갖춰야 할 미덕을 이야기한 것을 보면 그가 얼마나 배움을 갈망했고, 부지런히 한계를 넘었는지 알 수 있다. 지성을 갖추기에 적합한 최고의 환경이 주어진다 해도 애써 공부한다는 건 얼마나 어려운 일인가. 배울 필요 없는 존재로 살면서 지성을 갖추고자 하는 건 또 얼마나 말도 안 되게 어려운 일인가. 하지만 울스턴크래프트는 말한다. "그러나 그와 같은 처지에 만족할 정도로 여성들은 포부가 없는가?"*

언젠가 "왜 공부해야 하느냐"는 내 물음에 지인이 이렇게 답해준 적이 있다. "네가 가진 영원한 조건, 태어난 나라, 인종, 성별, 지역을 뛰어넘을 수 있는 게 공부야." '나'라는 사람이 어떤 조건에 가려져 나약하고 부차적이고 혐오스럽고 순종적인 사람이 될 때 공부는 우리를 구원한다. 나를 차별하고 억압하는 조건을 뛰어넘고자 결심하는 순간은 어느 때고 갑작스레 찾아온다. 내게 결정적 그 순간은 2016년 강남역에서 한 여성이 살해당한 사건을 마주한 때였다. 그런 나를 위해 바로 페미니즘이 있었고, 내 생계는 누군가를 인터뷰하는 것으로 이어졌으며, 할머니를 인터뷰하는 내 질문은 자연스레 '여자로 살아온 삶'으로 구성됐다.

나는 할머니들에게 만약 결혼하지 않았다면 어떤 일을

---

* 메리 울스턴크래프트, 앞의 책, 55쪽.

하고 싶었냐고, 배울 수 있었다면 무엇을 배우고 싶었냐고 재차 물었지만 이 질문은 매번 번지수를 잘못 찾아간 아이처럼 문 앞에서 돌려보내졌다. 할머니는 적적하게 홀로 사는 지금보다 식구들과 북적이며 살 때가 좋았다고, 조그맣던 아이들이 다 커서 대학도 가고 취직도 하고 '우리 엄마 참 고생 많았다'고 말할 때면 살아온 삶이 참 뿌듯하다고 답했다. 할머니들의 시집살이에는 고난과 역경이 가득했으나 내가 건져 올려야 하는 이야기는 슬픔이 아닌 희망인 것 같았다. 결국 우리가 해결해야 할 과제는 결혼으로 인한 굴욕적인 상황에 대비하는 법, 지긋지긋한 굴레에서 벗어나는 법, 생계를 책임지는 법을 찾아내는 일이라는 생각이 들었다.

> 보다 적절하게 교육받는다면 그들은 또한 일반적이고 합법적인 매춘으로부터 자신들을 구해줄 다양한 종류의 사업을 시도할지도 모른다. 그때 여성들은, 남성들이 정부로부터 직위를 받는 것처럼, 부양받기 위해 결혼하지 않게 될 것이다.*

---

* 메리 울스턴크래프트, 앞의 책, 146~147쪽.

내 생계는 지역에 있다. 지역에 사는 내가 건져 올려야 하는 것도 박탈감이 아닌 새로운 상상이다. 여전히 '가임기 여성'이라는 대상화가 횡행하는 지역에 대한 새로운 상상, 지역을 늘 '언젠가 떠날 곳'으로 여기는 청년들에게 건넬 새로운 상상, 지역의 돈줄과 권력줄을 놓지 않는 토호들을 부수고 우리들의 의제를 꺼내는 상상. 그러니까 자신이 가진 조건을 넘어서고자 하는 모든 이들, 혹은 어느 심심한 저녁에 난데없이 존재를 부정당하지 않고, 대상화당하지 않고, 마음 편히 웃고 떠들고 싶은 모든 이들이 고립되어 외롭지 않도록 하는 데 필요한 상상 말이다.

  나를 작아지게 할 것만 같은 도시에서 벗어나 지역으로, 그것도 농촌으로 온 내 상상은 이런 거다. 오래된 집을 빌리고, 집의 낡은 곳을 보수하며 웬만한 기술을 익히고, 야심차게 텃밭 농사를 시작했다가 어설프고 게으른 손길로 망쳐버리고, 그럼에도 남겨진 소소한 수확에 기뻐하는 것. 토마토 샐러드와 고사리 파스타를 차려놓고 동네 친구들과 먹고 놀다 새로운 모임을 만들어내는 것. 글쓰기 모임이든 독서 모임이든 산악회든 뭐가 됐든 주기적으로 만나고 마시고 얘기하다 이 지역에서 우리 목소리를 내보자고 결심하는 것. 함께하는 사람에게 다정하고, 떠나는 사람을 응원하며, 새로운 사람을 환대하는 일상을 보내는 것. 서울이 아닌 지역에서도 우리는 꽤 치열하게 살아간다고 말하는 것, 보여주는 것, 그렇게 다음 시대를 상상하는 것.『여성의 권리 옹호』를 읽고서 상상해보는, 지역에 살아가는 우리들의 권리 옹호다.

울스턴크래프트의 목소리는 아직 자신의 권리를 깨닫지 못한 여자, 함께 살아가는 이로움을 깨닫지 못한 이들을 향한다. 울스턴크래프트는 여성을 교육하고 권리와 의무를 부여해야 하는 이유가 '인간은 함께 살아가기 때문'이라고 강조한다. 지역에서 살아가는 우리들, 청소년, 장애인, 성소수자의 권리를 옹호해야 하는 이유 역시 마찬가지일 것이다.

나는 자주 다음과 같은 장면을 상상해본다. 사람들이 모여 앉은 저녁식사 자리. 따뜻하고 풍요롭게 어우러진 밤을 채우는 수많은 이야기들. 대화 중 누군가 이런 말을 한다. 아 그렇지, 우리가 원했던 게 바로 이런 해방감이었지. 그 자리에 있는 모두가 와하하 웃는다.

그런 밤이면 나는 오늘 쓴 글을 떠올리며 조금 훌쩍일 것 같다. 이 멋진 날이 21세기가 끝나기 전에 왔구나, 하고.

.... 3 ....

21세기, 행위하는 인간의 조건

『인간의 조건』
한나 아렌트 지음, 이진우 옮김, 한길사, 2019.

1966년생 부모와 1998년생 나 사이의 가장 큰 차이는 1987년 6월 민주항쟁의 경험이 아닐까. 디지털 기계의 보편화나 비정규직의 일반화 등의 경험 차이도 말할 수 있겠으나, 민주항쟁이나 학생운동, 노동운동 등이 세상을 바꾸는 것을 목격한 경험은 정말 특별할 듯하다. 그 격변의 소용돌이 한가운데 있었던 사람은 보고 듣고 외친대로, 한 발 떨어져 보았던 사람은 그 사람대로, 운동의 끝물을 경험한 사람은 그 경험대로 무언가를 간직하고 있더라. 21세기에 나고 자란 세대에게는 그런 경험이 잘 없다.

나와 내 친구들 대개는 우리로 인해 세상이 바뀔 거라는 생각을 하지 않는다. 취직한 친구는 무의미하다고 느껴지는 일이나 안 맞는 상사 때문에 답답해하며 일상을 보낸다. 대학에 간 친구는 총여학생회를 없애는 일에 누구도 관심 갖지 않는 분위기를 보며 이상하다고 말한다. 또는 주류와 어울리기 힘들다고 토로한다. 노는 것 말고는 딱히 함께 추구할 게 없기 때문이기도 하고, 팍팍한 사회에서 살아남기 위해 일찍이 취업 준비를 시작했기 때문이기도 했다. 나 역시 거의 매달 마지막 주마다 퇴사를 고민한다. 그러면서 이런저런 연구 결과를 찾아 읽는다. 최근 읽은 연구 보고서 제목은 「퇴사, 일터를 떠나는 청년들」이다.

퇴직과 퇴사는 일터를 떠난다는 점에서 공통점이 있지만, 사회문화적인 배경에서 조금 다른 의미를 지닌다. (중략) 오늘날 불안정한 고용구조와 잦은 퇴사는 일터에서 인간성을 형성하기 어렵게 만든다. 특히 이미 불안정한 고용과 노동구조가 고착화된 한국사회에서 뒤늦게 일터에 들어간 청년들은 직업으로써 일을 경험하기보다 일자리로써 일을 경험하게 되고, '퇴직' 단계에 이르기 전에 '퇴사'를 하는 일이 보편화되고 있다.*

이창동 감독은 〈버닝〉을 찍은 뒤 「씨네21」과의 인터뷰에서 오늘날 청년들이 느낄 '희망 없음'을 말했다. 20대로 1970년대를 살았던 이창동 감독이 60대가 되어 오늘날 청년을 보며 느낀 사실이다. 가만 보면 청년들을 바라보는 입장은 크게 두 가지로 나뉜다. 청년들이 너무 불평불만만 하는 거 아니냐는 입장과 청년들이 처한 환경과 마주한 현실이 녹록치 않다는 입장. 이중 이창동 감독은 후자의 입장인 셈이다.

---

* 천주희·최혜인·황은미, 「퇴사, 일터를 떠나는 청년들」, 새로운사회를여는연구원, 2018, 2쪽.

그때는 문제가 분명했고 싸울 대상이 있었다. 쉽지는 않아도 민주화든 무엇이든 앞으로 잘될 것이라는 희망이 있었다. 물질적으로도 앞으로 내 삶이 나아질 거라는 확신도 가능했다. 지금의 문제는 그 믿음이 없어졌다는 거다. 겉으로 보기엔 별 문제가 없는 것처럼 보인다. 편리해졌고, 세련돼졌고, 깔끔해졌다. 그럼에도 개개인의 삶에는, 특히 청년의 입장에서는 희망이 없다. 그게 이 세계의 미스터리다*

1987년 민주항쟁 한가운데 있었던 엄마는 요즘 청년들만 살기 어려운 게 아니라고 말한다. 예전에는 지금과 다른 어려움이 있었다는 것이다. 일단 가난이 있었다. 자다가 화장실에 갔다 오면 누울 자리가 없어질 만큼 좁은 단칸방에 여러 명이 살았고, 배를 곯았고, 어렵게 공부했다. 아빠는 밭에서 일하는 부모에게 학비를 내라며 돌을 던지던 어린 시절을 보내고, 스무 살에 공장에 취직해 탄 첫 월급으로 소 한 마리를 사서 집에 갔다. 그렇게 조선소에서 일하던 아빠와 신학교에 다니던 엄마는 친구에게 돈을 빌려 무작정 안산에 왔다. 일하고 돈을 벌기 위해서였다. 일하다 보니 더

---

* "〈버닝〉 이창동 감독, '지금 우리는 벤에 세계에 살고 있는지도 모른다'", 「씨네21」, 2018. 6. 4.

나은 노동환경을 만들기 위한 노력을 하지 않을 수가 없었다. 그렇게 둘은 각자의 방식으로 사회를 바꾸기 위한 일을 계속했다.

이 뜨거운 시대에 관해 들을 때마다 심장이 뛴다. 내가 사는 시대의 온도와 맞지 않는 영웅담을 듣는 듯 난해한 기분도 함께 든다. 그러나 시대의 파도에 몸을 맡긴 사람들이 처음부터 거창한 목표를 가지고 바다에 뛰어든 건 아닐 것이다. 내가 아는 사람 중에 이렇게 말하는 사람이 여럿 있었다. 영화 〈1987〉에 나온 것처럼, 선배를 따라 웬 동아리에 가입했다가 도저히 분노하지 않을 수 없는 영상을, 사진을, 책을 봤다고. 하지만 요즘 대학에서는 그런 일이 드물다고 했다. 우리를 뒤바꿀 영상이나 사진, 책이 무엇인지 아는 사람이 없고, 무언가에 완전히 뛰어들어야겠다고 마음을 먹더라도 함께할 사람이 없다고 했다. 그래서 자꾸 소소하고 확실한 행복을 누리려고 하고, 우선 바싹 말라가는 나부터 챙기려고 하고, 복잡한 사회 문제에서 멀어지려고 하는지도 모른다.

농촌에 살면서 기자로 일하다 보니 나이 든 공인들을 마주할 일이 종종 있다. 하루는 나이 든 농민운동가의 고매한 이야기를 듣다가 저절로 하품이 나왔다. 늘 같은 이야기를 늘 같은 방식으로 들려주는 탓에 와닿지 않았다. 그들은 내가 모르는 옛날 말과 농업 용어를 쓴다. 우리 세대 중에서는 그 언어를 독해할 사람이 없다. 다음 세대를 키워놓지 못했다는 점에서 이들의 운동은 연속성을 얻지 못한 게 아닌가. 달라진 시대에 따른 새로운 언어를 얻지 못한 게 아닌가. 자기 공간에 칩거하는 개인들은 누가 사회적 문제로 고공에 오르든 일상적으로 성폭행을 당하든 그러다 결국 죽음에 이르든 그저 SNS에서 싫어요나 화나요를 누를 뿐이다. 일상적인 차별과 혐오는 여전한데, 소리치고 엎어버릴 줄 아는 사람은 없다. 도발적인 행동을 해석하고 변화로 이끌어낼 사람도 드물다.

페미니즘은 이런 와중에 한국사회에 등장했다. 신문보다 SNS가 먼저 미투 소식을 실어 날랐고, 공적인 장소보다 개인적인 연락망이 정보를 전달했다. 여성 참정권 운동이 주였던 페미니즘 제1물결이 지나고, 여성 시민권 운동으로 이어진 제2물결을 지나 21세기 한국형 페미니즘 담론이 일어났다. 한국 페미니즘 담론은 인터넷 커뮤니티를 통해 불거졌고, 커뮤니티를 벗어난 온라인 공간에서 여성혐오와 페미니즘이 각을 세우고 싸웠다. 어떤 사건에 잘못된 판결이 내려지거나 중요한 사건이 이슈화되지 않는 경우에는 청와대 게시판에 국민청원이 올라가고 지지글이 이어졌다. 그 결과 한때 20만 명 이상이 동의하여 답변을 받은 청원 중에서 여성과 젠더 의제의 청원이 40% 가량을 차지했다고 한다.

그래서 세상은 나아졌는가. 나는 선거철이 되면 여전히 손에 쥔 표를 어떻게 해야 할 줄 모르겠다. 투표권이 있어도 표를 줄 후보가 없다는 점에서, 표를 줘도 내 표는 곧장 사표가 되어버린다는 점에서, 준연동형 비례대표제 도입에도 불구하고 여야가 하나같이 위성정당을 만들어 선거법 개정의 취지를 깡그리 무시한다는 점에서, 한국 민주주의는 여전히 갈 길이 멀다.

한나 아렌트가 남긴 글에 기대어 21세기의 행위하는 인간의 조건을 생각한다. 한나 아렌트는 인간이 살아가는 데 필요한 활동으로 세 가지를 든다. 살기 위해 필수적인 '노동', 인공적 사물을 제공하는 '작업', 사유하고 언어화하는 '행위'가 그것이다. 특히 아렌트에게 행위는 필수적인 노동의 고통에서 자유로워지는, 나아가 유의미한 이야기를 만들면서 공론장으로 나아가는 일을 의미했다. 테이블에 둘러앉아 서로의 사유를 나누는 동안 우리는 다원성을 느낀다. 행위의 근본 조건은 다원성, 이 세계에 나 아닌 다른 인간이 거주한다는 사실을 깨닫고 살아있음을 느끼는 것이다.

내 부모가 살아낸 1987년과 지금 사이에 달라지지 않은 점이 있다면, 많은 사람들이 여전히 삶에 필요한 노동을 하며 산다는 것일 테다. 이 '노동'에 대해 좀더 살펴보자. 고대

그리스의 경우를 보면, 폴리스라는 공론장에 모든 이가 참여할 수 없었다고 한다. 즉, 노예나 여성은 공론장에 참여할 수 없었다. 노예나 여성은 사적 공간을 소유하지 못한 존재여서 공론의 장에 참여할 자격이 없다고 제한한 탓이다. 고대 그리스의 노예는 이윤 착취를 위해 존재하는 게 아니었다. 노동을 삶의 조건으로부터 배제하기 위한 시도였다.

노동하는 인간의 공적 영역 참여는 어떤가. 근대에 이르러 노동하는 인간의 공적 영역 참여가 인정되기 시작했지만, 여전히 많은 노동이 사적 영역에 머무른다. 직장에서 컵을 씻고, 간식을 차리고, 노동권 보장 없이 돌봄노동을 하고, 매일 집에서 밥과 빨래와 청소를 하는 누군가를 생각해보라. 그에게 공적인 영역에서 행위를 해나갈 기회가 얼마나 마련되어 있는가. 그런데 진정한 행위를 위해서라면 삶에 필수적인 노동을 사유해야만 한다. 인간의 행위는 노동의 현장에서부터 시작될 것이다. 먹은 자리를 치우는 건 왜 늘 특정한 사람의 몫인지, 하청업체 직원의 노동 조건은 왜 늘 죽음에 가까운지, 아르바이트생이라 불리는 불안정 노동자의 노동은 왜 제대로 된 노동으로 취급받지 못하는지 생각해야 한다.

여러 파도를 넘어온 페미니즘이 21세기 한국에 불러온 일렁임은 행위 그 자체, 혹은 성별 이분법을 넘어선 연대의 효과가 아닐까. 변화를 위해 함께 달리며 휘날린 옷자락, 살아가는 데 필요한 조건을 요구하며 깨닫는 정치적 인간으로서의 자각, 응원 한 줄로 그치지 않고 마주 앉아 책 읽고 대화하는 무수한 시간 같은 것. 어떤 옷을 좋아하는지, 사회 문제에 어떤 입장을 가지는지, 어떤 조건 속에서 노동하고 어떤 요구를 하고 싶은지, 자신의 질문은 무엇이고 어떻게 그 질문을 갖게 됐는지 설명하는 일은 분명 우리를 살아있게 한다.

언젠가 내가, 우리가, 공론장에 나설 때, 페미니즘은 우리가 입고 나갈 옷과, 우리가 꺼낼 단어와, 우리의 사상을 정돈해주리라. 우리는 여성이기 이전에 시민이니까. 아니면 시민이기 이전에 여성이니까.

.... 4 ....

나를 위한 게임

『남자가 월경을 한다면』
글로리아 스타이넘 지음, 양이현정 옮김, 현실문화연구, 2002.

『남자가 월경을 한다면』은 글로리아 스타이넘이 뉴욕에서 기자로 일하며 여성운동에 뛰어들기 시작한 1960년대와 1970년대를 관통하며 쓴 기사와 에세이를 묶어낸 책이다. 글로리아 스타이넘은 현실과 완전히 반대되는 세상을 상상한다. 여자아이에게 빈번하게 가해지는 음핵절제 관습 등을 꼬집는다. 이 책에는 금방이라도 세상을 뒤집을 것처럼 힘찬 글도 있고, 오래오래 읽고 싶은 아름다운 글도 있다. 내게는 스타이넘이 소개하는 다섯 명의 여자들에 관한 장들이 특히 아름다웠다. 그들의 이름은 마릴린 먼로, 린다 러블레이스, 제클린 케네디, 패트리샤 닉슨, 앨리스 워커다.

다섯 명의 여자들은 자기 자신을 찾으려고 애쓴다. 자기 자신을 찾는다는 건 무엇인가. 세상이 부여한 여자라는 숙명 아래 주어진 역할을 성실히 하거나 성실히 거부하면서도 모험을 멈추지 않는다는 것이다. 이 여자들의 모험은 가정에만 머물지 않고 멀리 뻗어나간다.

나는 앨리스 워커의 시를 손으로 짚어가며 읽었다.

내 안에 있는 열망은
별들의 질서를
그 예쁜 무늬를 휘저어놓는 것.
지금 천사에 대해 떠벌리고 있는

신들이

신에게 대들고픈 내 갈망을 날려버릴 수 있는지

내가 휘저어놓은 것을

다시 질서 있게 만들 수 있는지

알아보기 위해서*

나는 어떤 역할로 한 사람을 규정하는 게 얼마나 무모한 일인지 자주 생각한다. 시를 읽으며 앨리스 워커의 사진을 찾았다. 앨리스 워커의 눈에서 별들이 무질서하게 춤추고 있었다. 스타이넘은 『컬러 퍼플』에 관해 "구제불능처럼 보이는 사람들을 주인공으로 택하고 그런 사람들의 구원에 대해 쓴다"**고 말했다. 스타이넘이 소개하는 앨리스 워커의 이야기를 듣다 보면 내게도 '세상은 변화한다'는 신념이 생길 것만 같다. 『컬러 퍼플』에서 자신의 존재를 확인하기 위해 글을 쓰는 셀리 이야기를 읽다 보면 내게도 셀리를 닮고 싶다는 열망이 일렁인다. 앨리스 워커가 그려낸 입체적인 세상과 주체적인 캐릭터가 많은 독자의 사랑을 받은 이유는 결국 앨리스 워커의 책을 읽는 독자들도 소설 속 인물처럼

---

* 글로리아 스타이넘, 『남자가 월경을 한다면』, 양이현정 옮김, 현실문화연구, 2002, 165쪽.
** 글로리아 스타이넘, 앞의 책, 160쪽.

자기 자신으로 살고 싶어 하기 때문인 것 같았다.

하지만 미국 초창기 여성운동가인 동시에 집에서 남자들의 밥을 빼놓지 않고 챙기는 아내 역할을 마다하지 않았던 스타이넘의 할머니처럼 우리는 '의무를 저버리지 않는 동시에 사회를 바꿔야 한다'는 말을 자주 듣는다. 어딘가 풀리지 않은 마음으로 일상을 살다보면 점점 더 내가 누구인지 찾을 수 없다. 이때 할 수 있는 행동은 두 가지다. 게임을 끝내거나, 규칙을 바꾸거나.

> 대부분의 여자들이 좀 더 자기주장을 강하게 할 필요는 있지만, 자기주장 훈련은 기존 게임의 규칙을 바꾸는 것이 아니라 그 게임을 더 잘할 수 있게 하는 것이었다. (중략) 그것은 남성의 의사소통 방식을 효과적인 유일한 모델로 인정하는 셈이었다.[*]

이 게임을 끝내고 싶은 마음으로 책을 읽기 시작했다. 그것은 "서구의 남자 산부인과 의사들이 음핵 제거 수술을 옹호한 것은 여성의 독립적인 성이 위험하고 자연의 순리에 어긋난다고 생각했기 때문이다"라는 구절에서 밀려온 분

---

[*] 글로리아 스타이넘, 앞의 책, 83쪽.

노 때문이었다. 그러나 글로리아 스타이넘이 각자 다른 개성을 가진 여성의 육체를 바라보고, 그 아름다움에 감탄하는 구체적인 서술에서는 분노보다 먼저 밀려온 따스함에 입술을 앙다물었다.

나는 이내 마음을 바꿨다. 말하고 듣는 방식의 변화를 요구하는 스타이넘의 목소리를 듣고, 잠입 취재를 위해 플레이보이 클럽 입구에서 몸에 꽉 끼는 바니걸 복장을 한 채 손님들의 코트를 받는 스타이넘의 모습을 보고, 이 게임에 참여하는 수밖에 없다고 생각한 것이다.

불공평한 게임을 떠나지 못하고 입을 닫은 여자, 전통에 따라 성기 훼손을 당하는 여자, 남성들의 성적 판타지를 위해 촬영되고 버려지는 여자가 있기 때문이다. 이 크고 오랜 차별의 역사에서 우리는 어떻게 나 자신으로 살 수 있을까?

글로리아 스타이넘이 소개한 것처럼 나도 몇 명의 여자를 떠올린다. 각자 방식으로 자기 자신을 찾아가는 여자들이다. 이들은 결혼을 하고, 시댁에서 여자들끼리 차례상을 차리고, 가부장적 권위를 눈감아줄지라도 매일 무언가에 저항한다. 그들은 오늘 못 다한 말을 내일은 하겠다고 다짐하며 잠든다. 그들은 어느 날 내게 말한다. "나 그놈한테 진짜 다 까고 말했잖아! 나 이제 하고 싶은 말을 숨기지 않아." 나는 함께 흥분된 목소리로 답한다. "너 진짜 너를 찾아가는구나." 나는 생각한다. 나도 나를 더 많이 말하고 싶다고.

    책을 덮기 전 옮긴이가 말하는 찌릿하고 힘찬 기분을 나도 느꼈다. "세상에 영향을 미치고 있다는 만족감" 그리고 "함께 세상에 영향을 미칠 수 있는 다른 여자들을 만났다는 반가움"*. 언젠가 나도 내가 아는 여자들을 소개하고 싶다. 그들의 슬픔과 기쁨과 탁월함과 아름다운 저항을 스타이넘만큼이나 디테일하게 써내고 싶다. 얼기설기 만들어진 나를 다듬어, 온 세상 여자들과 함께 걸어보자. 그 속에서라면 나라는 존재도 조금은 평화로울 테니.

---

*   글로리아 스타이넘, 앞의 책, 285쪽.

.... 5 ....

낡은 것은 도태하고
새로운 것은 떠오른다

『이갈리아의 딸들』

게르드 브란튼베르그 지음, 히스테리아 옮김, 황금가지, 1996.

검정치마의 새 앨범 《THIRSTY》를 들으며 글을 쓰니 기분이 이상하다.* 9년 전부터 검정치마 노래를 질리지도 않고 들은 결과 1집 《201》과 2집 《Don't You Worry Baby (I'm Only Swimming)》 전곡을 따라 부를 줄 알게 되었다. 2011년 2집을 마지막으로 긴 공백기를 가졌던 검정치마는 2015년부터 싱글앨범 세 개와 정규앨범 하나를 냈다. 기다렸던 정규앨범에는 1집에서 느꼈던 방황하는 청춘의 느낌은 없었다. 열 개 트랙은 전부 사랑으로 충만했고, 사랑은 사랑대로 좋았다. 나는 검정치마의 변화무쌍한 행보에 그가 다음에는 또 어떤 앨범을 들고 올지 궁금해했다.

그런 검정치마가 돌아온 날이었다. 새 앨범이 공개된 날 밤 노래를 틀고 음원사이트 댓글 창에 들어갔다. 어떻게 된 일인지 사람들은 서로 비꼬고 욕하며 싸우는 중이었다. 한쪽에서는 '시대는 형을 위한 준비조차 안 된 것 같아. 그래도 나는 형 사랑해'라고 했고 한쪽에서는 '이제 검정치마는 못 듣겠다'고 했다. 수록곡 중 하나인 〈광견일기〉 가사가 문제였다. 성매매 여성을 떠올리게 하는 묘사와 함께 그것이 자유로운 사랑인 것처럼 가사를 썼기 때문이었다.

트위터에 들어가니 이미 난리가 나 있었다. 사람들은 눈

---

* 이 글은 2019년 2월에 썼다.

물 흘리며 절망하는 짤에 '쟤 왜 저래?' '냅둬, 2011년부터 검정치마 좋아했대'라는 자막을 붙여 올렸다. 나도 새 노래 가사를 보며 안타까운 마음을 숨길 수 없었지만, 이번이 처음이 아니었음을 알았다. 2011년에 나온, 특히 내가 좋아하는 가사가 많았던 검정치마의 2집은 2015년에 특별한 이유로 다시 주목받았다. 〈음악하는 여자〉라는 제목이나 음악하는 여자는 징그럽다는 가사는 2015년의 시대 분위기를 완벽하게 거스르는 것이었다.

2015년 이전에는 별 생각 없이 흥얼거렸던 노래다. 여성을 비하해도 예술이라 추앙받던 시기가 지나자 우리는 '명곡'의 지저분한 밑바닥을 만나야 했다. 그렇게 예술의 밑바닥이 드러나던 때 마침 『이갈리아의 딸들』에서 이름을 딴 인터넷 커뮤니티 '메갈리아'가 한국을 뒤덮었다. 내 주변에서는 메갈리아의 미러링이 옳은지 그른지에 관한 갑론을박이 이어졌다. 나름 젠틀하다는 남자애들도 메갈리안에 관해서라면 눈을 치켜뜨고, 페이스북에 페미니즘 게시물을 공유하기라도 하면 '메갈이냐'고 물어왔다. 당시 나는 메갈과 미러링을 어떻게 해석해야 할지 잘 몰랐다. 미러링을 향한 격한 반응이 놀라웠을 뿐이다.

그들은 왜 그렇게까지 분노했을까. 나는 『이갈리아의 딸들』을 읽을 때도 미러링된 세계가 통쾌하기는커녕, 이갈리아에서 억압받는 남자 '맨움'에 감정을 이입했다. 맨움인 페트로니우스가 숲에서 강간당하는 장면, 브램의 남편 크리스토퍼가 세 아이를 키우고 집안 살림을 꾸리며 꿈을 접어야 했던 장면, 노총각 올모스 선생님이 움을 중심으로 서술한 글에서 글이 아닌 행간을 읽을 수밖에 없었던 장면을 읽다 한숨을 쉬었다. 내가 태생이 선해서 현실의 성차별을 뒤집은 소설에서조차 억압받는 맨움들의 '맨움해방운동'에 마음이 쏠린 건 아닐 것이다. 단지, 소설 속 맨움을 보며 뭘 해도 단단하고 불투명한 벽에 부딪히는 여자들의 이야기가 떠올랐다. 나는 너무 익숙한 이야기가 지겨워 이갈리아에서조차 권위를 누리지 못하고 마음 아파했다.

친구가 『이갈리아의 딸들』 속 언어에 주목했던 일이 떠오른다. 우리 세계에서 맨(man)이 사람을 지칭하는 언어의 기본이듯 이갈리아에서는 움(wom)이 기본명사이다. 왕국은 퀸덤(pueendom)이고 왕자는 프린스에스(princeass)로 표현한다. 작가는 『이갈리아의 딸들』에서 언어는 문화를 대변한다는 사실을 반영한 셈이다. 설정도 치밀한데, 맨움은 움에 의해 아이의 아버지로 선택되어 부성보호를 받고, 생계를 보장받으며 아이를 길러야 할 의무를 진다. 또 맨움은 매년 열리는 메이드맨의 무도회에서 움의 선택을 받기 위해 전전긍긍하고, 섹스할 때는 혼자 즐기고 자버리는 움의 얼굴을 보며 발기하지 못한 페니스를 넣고 조용히 잠든다. 이런 세계가 실존하는 건 아닐까 싶을 만큼 꼼꼼한 설정이다. 꼼꼼할 수밖에 없었을 것이다. 현실 세계를 완벽하게 거울에 비춰 보여주고 싶었을 테니까.

게르드 브란튼베르그는 치열하게 미러링하다가도 조금 유머러스해지고 싶었던 것 같다. 미러링을 할 때 현실에서 상대를 억압하던 집단의 권위를 완전히 빼앗고, 억압받던 집단을 우상화할 수도 있을 텐데 브란튼베르그는 권위 자체를 우습게 만든다. 움이 가진 권위를 최대한 추켜세우는 과장된 장면을 보여주면서 브란튼베르그는 이렇게 묻는 것 같다. '이런 게 정말 다들 좋단 말이야?' 브란튼베르그의 유머는 이갈리아에서 높은 권위를 가진 인물 중 하나인 브램의 출산 장면에서 절정에 달한다.

이따금씩 그녀는 마이크에다 마치 신처럼 무중력 상태에 있는 것 같다고 말했다. 그녀는 이 느낌을 즐길 수 있도록 조용히 해줄 것을 요구했다. 팝송이 멈췄다. 완전한 정적이 삼십 분간 계속되었다. 모두들 그녀의 배가 올라갔다 내려갔다 하는 것을 지켜보았다. 흥분이 절정에 달했다. 브램은 무아지경에 빠져 "위

대한 진통이 시작된다!"고 소리쳤다.*

책의 2부에서 맨움해방운동이 본격적으로 시작되자 나는 그들을 응원할 수밖에 없었다. 억압받는 맨움이 처음부터 끝까지 여자의 이야기로 느꼈기 때문이다. 특히 가슴 속 깊이 감춰왔던 것을 꺼내는 순간, 억압받는 위치에서 벗어나기 위해 오래된 책을 뒤적이는 순간에 그랬다.

노총각 올모스는 둥근 테이블 위로 시프리안에게 손을 내밀었고, 시프리안은 그 손을 잡았다. 다른 사람들은 너무 사적인 것을 목격하고 있다고 느꼈다. 맨움운동의 원천은 삶 속에 있는 가장 심오하고 고통스러운 일들을 드러내는 것이라고 그들은 전부터 이야기해왔었다.**

이갈리아 세계에는 성평등보다 계급투쟁이 우선이라는 정치철학인 '스파크스주의'가 있다. 무엇이 옳고 무엇이 그른가. 무엇이 우선이고 무엇이 나중인가. 무엇이 정치철학

---

* 게르드 브란튼베르그, 『이갈리아의 딸들』, 히스테리아 옮김, 황금가지, 1996, 186쪽.
** 게르드 브란튼베르그, 앞의 책, 227쪽.

이고 무엇이 급진적 운동인가. 수많은 의견이 있지만, 나는 결국 운동도 전략적 싸움이라고 생각한다.

"노동자 계급이 억압받고 있다고 지적하는 것보다 맨움이 억압받고 있다고 지적하는 것이 훨씬 더 지독하고 극단적인 것이라고 한다면, 아마도 그것은 성적 억압이 계급 억압보다 훨씬 더 지독하고 극심하기 때문일 거야."*

낡은 것은 자연히 도태되고, 새로운 것은 떠오른다. 낡지 않은 것은 그 자리를 지킨다. 운동가는 당위에 침몰되지 않으면서도 힘을 잃지 않기 위해 전략을 세운다. 그리고 누군가는 그들이 쓴 역사를 읽으며 파도에 뛰어든다. 이 시대에 살아남은 목소리가 시대과제로 자리매김한다. 이갈리아의 시대과제는 맨움해방이다. 그건 이 책이 쓰인 1975년의 시대과제를 뜻하기도 한다. 2015년 이후 한국의 시대과제는 무엇으로 정의될까?

    2015년 어느 날, 나는 우연히 사운드클라우드에서 검정치마 〈음악하는 여자〉의 미러링 버전을 들었다. 커버

---

* 게르드 브란튼베르그, 앞의 책, 247쪽.

곡 〈음악하는 남자〉의 가사는 '나는 음악하는 남자는 징그러 / 야동이나 보면서 뒹굴어 / 아저씨'였다. 재밌는 건 이 미러링에 누군가 반응한다는 사실이었다. 당시 내 남자친구는 노래를 듣고 이렇게 말했다. "미러링이 뭔지 알겠어. 진짜 기분 나쁘더라." 나는 2011년에 MP3 플레이어로 줄기차게 검정치마 노래를 재생하던 나를 떠올리며 감탄하지 않을 수 없었다. 세상이 변하고 만 것이다. 아니, 적어도 나는 달라지고 있었다. 많은 사람이 페미니즘 물결에 뛰어든다. 휩쓸린 게 아니라 뛰어든 것이다. 페미니즘뿐만이 아니다. 이제 우리는 그 어떤 훌륭한 대의가 있더라도 누군가가 억압받는 구조라면 그건 틀렸다고 말한다.

 나는 여전히 문제의 트랙을 건너뛰고 계속 검정치마 노래를 듣는다. 괴롭지만 아직은 좋아하지 않을 수 없는 것이 있다. 비슷한 이유로 더 이상 좋아하지 못하는 뮤지션과 듣지 못하는 노래의 리스트가 길어질 때마다 괴로운 마음이 커진다. 그들이 앞으로는 나를 괴롭게 하는 노래를 만들지 않기를 바랄 뿐이다. 페미니즘을 접한 많은 사람이 그랬던 것처럼 누구에게나 과거가 있는 법이니까. 중요한 건 지금이니까. 나는 요즘 주변 사람들의 변화를 흥미롭게 지켜본다. 누군가는 느리게라도 변하고, 누군가는 변하지 않는다. 시대착오적이라 비판받은 뮤지션의 행보 역시 마찬가지일 것이다.

.... 6 ....

길 잃은 남자를 위한 친절한 이정표

『맨박스』
토니 포터 지음, 김영진 옮김, 한빛비즈, 2019.

나에게는 『맨박스』에 등장하는 '남자다움에 갇힌 남자들'이 익숙했다. 지나치게 슬픔을 참거나, 자주 여자 대신 무거운 물건을 들려고 하거나, 지나치게 여자를 배려하는 모습 같은 것. 나는 내가 가까이 지내는 남자들에게서 지나친 남자다움을 발견하고 그 부자연스러움에 의문을 품었다. 토니 포터는 '남자로 태어났다면 당연한 것'에 이의를 제기하고, 수많은 남자들이 하루 빨리 자신이 갇힌 맨박스에서 나오기를 바라며 보편의 경험에 기댄 이야기를 써내려갔다. 남자라면 『맨박스』를 읽고 어떤 감상평을 남겼을까. 나는 『맨박스』를 '남자다우려는 남자들'과 함께한 시간을 곱씹으며 읽었다.

잠시 성별과 무관한 이야기를 해보겠다. 내가 만나온 지루한 사람들에 대한 이야기다. 나이가 어리든 많든, 남자든 여자든, 그들은 자기만 아는 농담을 한다는 공통점을 가지고 있다. 그들은 어젯밤 무슨 꿈을 꿨는지, 길에서 얼마나 귀여운 강아지를 봤는지 같은 다분히 일상적인 주제의 대화에는 잘 끼지 못한다. 그들이 좋아하는 자리는 권위를 가진 사람만 말하고 웃을 수 있는, 끔찍하게 상투적인 자리다. 이러한 자리만 좋아한다는 것은, 이들이 권위적인 집단 문화에서 군소리 없이 버티며 적응해왔음을 뜻한다.

한번은 남성 사회 최말단에 쪼그려 살아가는 것처럼 보이는 남자를 보았다. 그는 자신보다 계급이 높거나 나이가 많은 남성 앞에서는 말 한마디도 제대로 하지 못했다. 반대로 자신보다 계급이 낮고 나이가 어린 남성에게는 대단한 사실을 알려줄 것처럼 능청스러운 대화를 건넸다. 남성 사회에서 살아남는 법을 터득한 대신 저항하는 법을 잊어버린 셈이었다. 나는 이 지루한 남자가 끔찍이 싫었지만, 이 남자를 위해 간절히 기도했다. '제발 이 남자가 10년 뒤 나를 가르치려 드는 젊은 꼰대가 되지 않게 해주세요. 20년 뒤 아무한테나 반말하는 아저씨가 되지 않게 해주세요. 30년 뒤 카페에서 다방 아가씨를 부르는 할아버지가 되지 않게 해주세요.' 주위를 둘러보면 맨박스에 갇힌 남자가 도처에 널렸다. 맨박스의 가장 큰 위험은 자신을 '선한 남자'라고 생각하며 여성에 대한 폭력을 방관하는 경우다. 내 생각에 두 번째 위험은 본인의 '지루함'을 자각하지 못하는 경우다.

자신이 지루해지는 줄도 모르고, 자기 자신을 잃어가는 줄도 모르고 남자는 주어진 남자다움을 성실히 수행한다. 결혼식장에서 신부 아버지에게 신부의 손을 건네받으며 "사회적으로 기대되는 남성의 역할"*을 함께 부여받는 식으로, 아내와 벽에 뚫린 구멍을 메울 때는 '이걸 메우는 데 어떤 연장을 어떻게 쓸지는 나도 이미 알고 있어. 구멍 하나

---

* 토니 포터, 『맨박스』, 김영진 옮김, 한빛비즈, 2019, 56쪽.

메우는 건 내가 알아서 한다고!'*라고 생각하며 얼굴 붉히는 식으로.

나를 잃어버리지 않게 꼭 붙잡아야 한다. 나는 매일 오늘의 나를 우려한다. 오늘 하루 종일 '직원답게' 고분고분 일한 것은 아닌가, '선배답게' 쓸데없는 조언을 한 건 아닌가, '여자답게' 식탁을 치우고 뒷정리를 한 건 아닌가. 오늘 나는 나로서 일하고, 조언하고, 그릇을 치웠던가. 지루하지 않은 사람이었던가. 언젠가 나를 찾아 헤매지 않아도 될 만큼 나이가 들어도 같은 걱정을 하고 싶다. 만약 이 다짐이 희미해진다면, 또는 맨박스가 뭔지도 모르는 남자를 만난다면 『몸의 일기』의 한 구절을 기억하겠다. 자신의 몸과 감정, 두려움과 기쁨, 나와 세상에 관한 가장 구체적인 일기의 한 구절을.

> 사람은 한 가지에 집중하지. 모든 문제는 거기서 생겨나는 거란다! 사람들 눈엔, 틀을 벗어난 건 아무것도 존재하지 않아. 아들아, 넌 그 틀을 깨기 바란다.**

---

* 토니 포터, 앞의 책, 156쪽
** 다니엘 페나크, 『몸의 일기』, 조현실 옮김, 문학과지성사, 45쪽.

맨박스라는 틀을 깰 도구는 우리 안에 있음을 토니 포터의 글에서 본다. 『맨박스』는 틀을 깨고 나온, 혹은 이미 새로운 세상에 나와 두리번거리는 이들에게 이정표가 되어줄 테다. 이 친절한 이정표를 길 잃은 사람에게 선물해야지. 내 남은 한 손에는 온기를 품어야지. 내가 애정하는 남자들이 꽁꽁 숨어 있는 문을 두드리기 위해서 말이다.

········· 7 ·········

다정함의 기술

『아내 가뭄』
애너벨 크랩 지음, 황금진 옮김, 동양북스, 2016.

일상은 생각보다 자질구레한 일들로 채워진다. 물을 마시면 컵을 씻어야 하고, 몸을 씻으면 닦아야 하고, 밥상을 닦으면 몇 시간 뒤에 다시 차려야 한다. 나는 키우는 고양이 한 마리와 구피 열네 마리 밥을 아침저녁으로 챙겨주고, 선물 받은 다육이와 선인장이 말라비틀어지지 않도록 종종 돌봐야 한다. 내 몸 하나 건사하기도 힘든 마당에 남을 키워보겠다고 살아 움직이는 생명을 데려온 셈이다. 결코 내 시간과 돈과 에너지가 남아 돌아서가 아니다. 나는 야옹거리며 머리를 비비는 고양이, 찰박거리며 어항 속을 헤엄치는 물고기, 희박한 관심에도 꾸준히 자라는 식물에게 사랑받고 사랑하기 위해 함께 산다.

    부모의 집에서 독립한 지 1년 만에 내가 혼자서는 잘 살 수 없는 사람이라는 걸 깨달았다. 그래서 외로운 마음에 익숙한 사람들과 부대끼던 시절을 그리워하기도 했지만, 타인과 거리를 둘 수 있는 지금이 더 좋기도 했다. 정신 바짝 차리고 내 세계를 조금씩 채워나갔다. 집 밖의 나는 아직 초라하니까, 내가 사는 공간부터 아름답게 꾸몄다. 직접 고른 현무암 벽돌과 나무로 책장을 쌓고, 원목 책상을 배치해 서재를 만들었다. 밤에는 따뜻한 분위기의 조명을 켜고, 다이소에서 산 천 원짜리 유리컵에 맥주나 와인을 따랐다. 내킬 때마다 집을 청소하고 정리한 결과 공간은 비교적 깔끔하게 유지됐다. 가만 보니 나는 혼자서도 그럭저럭 잘 사는 것 같았다. 텅텅 빈 냉장고를 채울 줄 모른다는 점만 빼면.

어쩌다 한 번씩 엄마가 있는 안산 집에 가면 배가 터지도록 먹었다. 엄마는 자기도 엄마 집에 갈 때마다 그랬다고 말했다. 엄마는 끼니마다 새 밥을 해주고 반찬을 차려줬다. 아침에 끓인 국을 퍼주고, 먹다 남은 고기도 데워줬다. 나는 내가 몸을 일으키지 않아도 밥이 차려지는 편안함에 감동하며 엄마에게 "맛있다"는 말을 연발했다. 그러나 마음 한구석에서는 엄마가 차려주는 밥은 늘 점심과 저녁 반찬이 똑같다고 싫어하던 어린 나를 떠올리고 있었다. 나는 자라서 방바닥이 지저분해서 숨 쉬기 힘들다며 이불을 털고 청소기를 밀고 걸레질을 하는 청소년이 됐다. 고등학생이 돼서는 동생이 나만큼 빨래를 열심히 개지 않는다고 빈정대기도 했다. 나는 엄마가 차려준 밥을 우걱우걱 씹다가 엄마가 해주는 밥을 먹고 자란 나에 대해 곱씹지 않을 수 없었다.

나는 엄마가 집안일을 많이 하지 않는다고 생각해왔다. 내가 먹고 자는 공간이 쾌적하게 돌아가지 않는다는 이유로 그렇게 생각했다. 이제야 온 가족이 고기를 구워먹고 난 뒤 엄마만 남아 자리를 치운다는 사실이 보였다. 뜨겁고 기름진 불판을 치우고, 휴대용 가스버너를 제자리에 돌려놓고, 식탁에 깔았던 신문지를 버리고, 불판 아래 그릇에 모인 돼지기름을 처리하고, 기름진 그릇과 수저를 물에 담갔다 설거지하는 건 대부분 엄마의 몫이었다.

　엄마는 이런 역할을 부여받은 자신을 처량해하지 않았다. 집안 살림을 완벽하게 해내려는 강박을 갖지도 않았고, 페미니스트 선언으로써 동등한 가사노동을 제안하지도 않았다. 엄마는 그냥 할 수 있는 만큼 했다. 나는 한편으로는 엄마가 '기대할 수 없는 것에 대해 침묵'했으리라 생각한다. 엄마는 영화 〈B급 며느리〉에서 펼쳐지는 고부갈등을 보면서 며느리가 너무 예민하다고, 어떨 땐 조금 참는 게 낫다고 말했으니까. 또 한편으로 나는 엄마가 자기 자신을 잃지 않으면서도 주변을 다정하게 대하는 법을 아는 사람이라고 생각한다. 내 집에 일주일째 설거지거리가 쌓여 있다며 한숨을 쉬며 말하니 "그걸 다 신경 쓰면 다른 일은 언제 하냐"며 괜찮다고 말했으니까. 엄마의 다정함이 나를 꼭 붙든다. 못된 가부장제를 박살내지도, 가사노동의 불평등에 분노하지도 않지만 나를 멈춰 서게 하는 다정함. 이제야 그 다정함의 정체가 궁금해진다.

　애너벨 크랩은 남자에게는 있고 여자에게는 없는 것이 '아내'라면서, 가사노동의 대부분이 여성의 몫으로 돌아가는 현실을 수많은 통계 자료로 입증하는데 그러면서도 '일터를 벗어나지 못하는 남성'을 주목한다. 나는 이러한 지점에서도 역시 다정함을 느낀다.

그런데 왜 우리는 여성이 직장을 잃는 것을 따지는 데는 많은 시간을 소모하면서, 정작 남성들이 가정에서 무엇을 잃고 있는지 말하지 않는 걸까?*

애너벨 크랩은 육아휴직이나 시간제 근무로 집에서 아이를 돌보는 일이 인생의 변곡점이 되기도 한다며, 이 기회를 얻지 못하는 남자들에 대해 말한다. 나아가 가사노동에 가치를 부여할 여러 방법을 살펴본다. 그 하나는 가사노동에 "노동의 질이 아니라 존재 자체가 중요하다"는 의미를 부여하는 것이다. 그렇게 가사노동의 존재 자체에 의미를 부여하면 이혼 소송에서 다음과 같은 판결이 가능해진다.

가정주부 혹은 부모 중 한쪽의 기여 덕분에 상대방은 시간과 노력을, 금전적 이익을 얻는 데 쏟아부을 수 있었다. 따라서 개인의 취득이나 절약, 증진에 실제적이고 실질적으로 기여할 수 있게 되었고 그 과정에서 번 돈을 상기 용도에 쓸 수 있었다.**

* 애너벨 크랩,『아내 가뭄』, 황금진 옮김, 동양북스, 2016, 109쪽.
** 애너벨 크랩, 앞의 책, 296쪽.

애너벨 크랩은 이 판결에서 가정주부의 노동가치를 평가하는 새로운 모델을 발견한다. "여자가 좋은 엄마 혹은 가정 주부인지는 중요하지 않"으며 "가정주부 일 대신 다른 일을 했다면 얼마나 벌었을지도 계산할 필요가 없다"는 것이다. 중요한 건 남편이 돈을 버는 데만 집중할 수 있도록 한 아내의 존재 자체다.

나의 아빠가 일하지 못할 때는 엄마가 아빠를 돌봤고, 엄마가 대학원에 다니기로 결심했을 때는 아빠가 엄마를 지지했다. 엄마와 아빠가 필요할 때마다 서로를 꽤 다정하게 대했기 때문에 내가 모르는 수많은 갈등에도 불구하고 같이 살아온 게 아닐까. 여기서 다정함이란 무한한 친절과 사랑을 뜻하지 않는다. 나 자신을 지키면서 타인과 함께 살아가는 지혜, 못된 행동을 지적하면서도 사랑할 만한 점을 알아보는 눈길, 넘치는 마음이 아닌 농밀한 마음을 상대에게 전하는 순간이다.

어떤 시기에 나는 꽤 다정했던 것 같다. 못되 처먹은 같은 학교 남자애랑 싸우고 나서도 절교하는 게 아니라 걔가 왜 그랬는지 궁금해했다. 내 마음을 설명하려 했고 걔도 조금은 알아들었다. 여자 대 남자가 아니라, 5학년 1반 대 2반이 아니라 걔랑 나였기 때문이다.

지금 나는 누군가에게 다정한 존재일까. 엄마가 그랬던

것처럼, 애너벨 크랩이 그랬던 것처럼 나를 지키며 다정해지는 법을 배우고 싶다.

다정한 사람이 한 명 더 생각난다. 10년째 내 선생님인 그에게는 아무도 신경 쓰지 않는 부분을 관찰하는 습관이 있다. 그는 모두가 중요하다고 고개를 끄덕이는 문제 뒤편에 가려진 사람이 있다는 걸 알려주고는 했다. 나는 그 듣도 보도 못한 애기들이 좋아서 자주 선생님의 집에 놀러갔다.

선생님은 당시 페미니즘 이슈에 공감하지 못하는 사람 중 한 명이었다. 선생님은 내게 '분노로 가득한 운동이 운동이 될까' 하고 묻고는 했는데, 시간이 흘러 선생님의 집에 다시 놀러가게 된 날은 공교롭게도 3월 8일 여성의 날이었다.

술을 마시던 중 선생님은 뜻밖의 이야기를 한다.

오늘 무슨 날인지 아니? 여성의 날이라고 교장 선생님이 장미꽃을 돌리더라. 수자쌤이 마을 카페에서 파는 마카롱을 여자애들한테 선물하길래 나도 10개 사서 우리반 애들 줬어. 예전에 나는 여성의 날에 뭘 선물한다는 개념이 없었는데, 수자쌤을 다시 보게 되더라. 수자쌤이 여태 학교에 남지 않았다면 누가 여성의 날을 챙겼을까? 수자쌤이 한 가지만 보고 그지같

네, 하면서 학교를 떠날 수도 있었잖아. 그렇게 하지 않고 남아서 변화를 이뤄냈다는 점에서 수자쌤이 다시 보인다는 거야.

나는 술에 취해 한 번 더 물었다. 한 가지만 보지 않고요? 선생님은 대답했다. 응, 한 가지만 보지 않고.

수자쌤은 내가 다닌 학교에서 성(性)교육을 담당해왔다. 선생님은 수자쌤 교육의 중요성에 주목했다. 또 수자쌤이 버텨온 긴 시간이 만든 변화에 놀라움을 표하며 여성의 날을 기념했다. 학교에 여성의 날을 기념하는 사람은 점점 더 많아질 것이었다.

함께 놀러간 내 친구 '권'은 수자쌤을 좋아하던 애들 중 한 명이다. 걔는 근황 토크 중 자신이 목격한 성 사건을 계기로 심리학 공부를 결심했다고 말했다. 선생님은 내 친구에게도 자신이 관찰한 그 친구만의 특징을 얘기해줬다.

옛날부터 네가 참 신기했어. 왜 저 일을 두고 저렇게까지 마음을 쓸까? 저렇게까지 힘들어할까? 그랬는데 심리학 공부를 한다니 잘 어울리네.

확실히 신생님은 상대를 다정하게 알아볼 줄 알았다. 내가 알아볼 줄 아는 건 아직 고양이의 귀여움 같은 것뿐이다.

다음날 선생님은 나와 권에게 마카롱을 건네주었다. 여성의 날 기념이었다. 나는 처음으로 여성의 날을 기념받은 기분을 오래 기억하고 싶어서 마카롱을 그대로 냉장고에 넣었다. 휘몰아치는 업무에 정신없는 한 주가 지나가고, 다시 맞이한 주말 오후에 나는 냉장고 속 마카롱을 기억해냈다. 마카롱을 꺼내 한 입에 넣고 우물거리며 다정한 사람들을 생각한다. 다정하게, 또 매섭게 세상을 대하는 데에는 어떤 기술이라도 있는 걸까. 아니면 모든 다정함은 서로 알아봐줘야 다정함이라는 걸 알 수 있는 걸까. 내 옆에 누워 기지개 켜는 고양이 숙희 너머로 오후 해가 진다. 나는 겉옷을 챙겨 집 밖으로 나갈 준비를 한다.

.... 8 ....

한 번도 꺼낸 적 없는
이야기를 하려고 해

『성의 변증법』

슐라미스 파이어스톤 지음, 김민예숙·유숙열 옮김, 꾸리에, 2016.

오늘은 내가 한 번도 꺼낸 적 없는 이야기를 하려고 해. 만약 네가 이야기를 듣다가 하품을 하거나, 핸드폰을 들고 새 알림도 없는 채팅방을 기웃거리면 나는 말을 멈춰야 할 거야. 나도 알아. 매일을 견디는 우리에게 남은 에너지는 그렇게 많지 않다는 걸. 또 슬프고 아픈 이야기만 하기에는 우리에게 주어진 시간이 너무 짧다는 걸. 그래서 너는 내게 흥미롭고 재미난 이야기를 정성 들여서 골라 들려주잖아. 네 덕에 우리는 따로 본 같은 영화에서 서로 다른 인물을 마음에 들어 했다는 사실을 발견하잖아. 너랑 얘기하다 보면 얼마나 많이 웃는지 몰라. 시간이 얼마나 빨리 가는 줄도 모르겠고. 그렇지만 이제 해가 졌고, 어둠이 드리우고 있어. 사실 오늘 밤에 하고 싶은 이야기가 있어. 입 밖으로 꺼낼 때마다 이야기가 희미해지는 바람에 꼭꼭 감싸 안고 너에게 왔어. 이야기를 듣고 오래 고민할 필요 없는 문제로 느껴진다면 후후 불어 밤바람에 날려줘. 내 고민이 우리가 충분히 자유롭지 못해서 생긴 문제라고 생각하면 네가 아는 머나먼 곳의 이야기를 들려줘. 우리는 그곳에서 무언가를 발견할 거야.

    너는 알지. 내가 웃기지 않으면 웃지 않는 사람이라는 걸 말이야. 가기 싫은 자리는 가지 않고, 사람 많은 술자리보다 누군가와 단 둘이 보내는 시간을 더 좋아한다는 걸 말이야.

나는 연애할 때도 그랬어. 애인을 만나는 것보다 너랑 있는 게 더 좋으면 연애가 끝나간다는 걸 금방 깨달았어. 물론 내 마음을 가늠하기 어려울 때는 일단 해보는 수밖에 없었지. 애인이랑 만나면 내 몸이 달아오르는지 아닌지, 술자리에 가면 내가 신이 나서 온갖 말을 쏟아낼지 아닐지, 헷갈리면 해봐야 하잖아. 내게는 일종의 용기였던 거야. 두려운 선을 넘어보려는 시도였던 거야. 그렇게 용기 내야 한다고 배웠거든. 조직에 여러 번 실망하면서도 매번 변화를 위해 새로운 시도를 하는 동료에게서, 고민 끝에 낯선 땅으로의 유학을 결심한 너에게서 배운 자세지. 터덜터덜 집에 걸어가던 날 핸드폰 너머로 네가 했던 말이 오랫동안 내 용기를 지켰어. 내가 너무 대단한 사람들에 관해 얘기하자 네가 그랬지.

너에게도 그런 특별함이 있어.

그때는 차마 말하지 못했어. 내가 요즘은 웃기지 않아도 웃는다는 걸 말이야. 가기 싫은 자리도 간다는 걸 말이야. 어제는 사무실에 5분 늦게 출근해서 컴퓨터를 켜고, 업무를 보고한 다음, 인터뷰 섭외를 위한 전화를 몇 통 돌리고, 사람들을 만나기 위해 운전석에 앉아 생각했어. 나 아까 나를 깎아내리는 상사에게 애써 상냥하게 업무를 보고했구나. 전화를 걸자 다짜고짜 반말하는 아저씨에게 미소 지으며 대답했구나. 벌써 질서를 습득해버렸지 뭐야. 높은 자리에 있는 중년 남성일수록 미소 지으며 대해야 원하는 걸 얻는다는 걸. 권위적인 상황에 대항하는 문제 제기는 딱딱한 벽에 부딪혀 소리 없이 깨진다는 걸. 내가 이런 하소연을 하면 어떤 어른은 그 정도는 아무것도 아니라고, 더한 곳이 수두룩하다고 말해. 그럼 내가 '나는 좋은 직장에 다니는구나, 어이쿠 감사해라' 하고 생각하라는 걸까? 여기보다 더한 곳에서 가짜 웃음을 지으며 견디는 여자들을 생각하면 나는 정신이 아득해져. 우리가 무엇을 위해 견디는데. 오늘 같은 밤을 기다리며 출퇴근을 반복하잖아. 언제든 대체될 수 있는 일회용 인력이 아니라 쓸모 있고 유일한 사람이 되고 싶어서 열심히 일했잖아. 낙태죄가 폐지되는 때를 기다리며 여러 피임법을 뒤적였잖아. 우리는 견디기 위해 견디는 게 아니야. 어쩌면 그 많은 페미니스트들은 무언가를 진심으로 원한다고 말하기 위해, 정말 웃길 때만 웃기 위해 필사적으로 싸운 건지도 몰라.

"혁명은 페미니스트 혁명가에게 달려 있다"[*]고 외치면서 말이야.

---

[*] 슐라미스 파이어스톤, 『성의 변증법』, 김민예숙·유숙열 옮김, 꾸리에, 2016, 151쪽.

버지니아 울프의 『자기만의 방』을 읽다 어떤 술자리에 갔는데, 집에 돌아와 어깨에 남은 브래지어 자국을 보고 엉엉 울었던 날이 생각나. 책으로 공부한 혁명도 내가 여자라는 사실 앞에서는 별다른 힘을 갖지 못한 거야. 사실 나는 혁명적인 변화를 생각해본 적이 없어. 미운 건 내 몸을 대상화하는 시선이지, 여자인 내 몸이 아니니까. 나는 매달 해치우는 생리가 내 몸의 리듬을 보여주는 것 같아 좋고, 직접 만들어 먹고 쓰는 가사노동에 대해서도 좋은 기억을 가지고 있거든. 그런데 내 몸 하나 마음대로 할 수 없는 세상이라면, 그 좋은 '생태' 가치에 따라오는 일이 죄다 여자 몫이라면, 슐라미스 파이어스톤의 말처럼 생물학적 차이를 없애는 게 정말 근본적인 혁명일지 몰라.

물론 생물학적 차이에서 벗어나는 것만으로 우리가 자유로워지지는 못하는 것 같아. 우리가 벗어날 수 없는 건 생물학적 구분 말고도 많지. 세상에 태어나기도 전에 정해져 있는 가족 같은 거 말이야. 내 친구는 이랑의 〈가족을 찾아서〉라는 노래를 듣다 울었대. '나는 언젠가 후회하게 될까 / 내 평생 아빠 용서 하지 않은 것'이라는 가사 때문이었을까. 그런데 신기한 일이지. 내 또 다른 친구도 그 노래를 듣고 울었다고 내게 말한 적이 있어. 그 친구들에게, 또 너에게 "생물학적 가족의 압제"로부터의 자유를 말한 슐라미스 파이어스톤의 이야기를 소개해주고 싶다.

내가 『성의 변증법』에서 가장 흥미로웠던 부분은 근대 '핵가족'의 등장과 동시에 '아동기'가 생겨났다는 거야. 14세기 이전 중세적 가족은 상층계급에서는 '법적 상속계'를 의미했고, 하층계급에서는 공동체 속에 심어진 부부 단위 그 이상의 무엇도 아니었어. 아이들은 장차 정해진 사회적 지위에 오를 작은 어른이고, 식사 시중을 드는 어린 하인이었지. 지금처럼 '무조건 행복할 것만 같은' 정상가족은 상상할 수 없었던 거야. 우리가 예전에 '부모님은 정말 서로를 사랑해서 같이 사는 걸까?'라는 질문으로 근대 핵가족의 기원을 파헤쳤던 것 기억 나? 그때 우리의 질문은 '사랑'에 그쳤지만, 실은 '가족의 형태'에 더 놀라운 역사가 숨겨져 있던 거야.

이후 핵가족이 발전하자 그 구성물로 '아동기'가 생겨났어. 동시에 아동기를 묘사하는 용어가 만들어지고, 아이들을 위한 장난감이 흔해졌지. 아이들은 학교에 보내졌어. 어른들은 인생에 단 한 번밖에 없는 아동기가 행복해야만 한다고 믿지. 아이는 자신을 '행복의 신화'에 끼워 맞추느라 온 힘을 다 써버리고 말이야. 웃지 않으면 안 될 것처럼, 행복하지 않으면 안 될 것처럼 명랑한 모습을 보여주는 TV 광고 속 아이를 생각하면 쉽게 이해돼. 우리는 우리도 모르는 새 이미 기록된 역사의 영향을 받으며 살아왔나 봐. 나는 그 사실이 신기하고 두려워. 내가 나로서 산다고 애쓰지 않아도 쉽게 살아질까 봐. 내게 주어진 역할에 의문을 품지 않고도, 불만을 품지 않고도 잘 살아질까 봐. 너는 어때? 너도 이랑의 노래를 듣다 울었을까?

파이어스톤은 점점 개인화되어가는 가족생활이 거기에 의존해야 하는 여성과 아이들에게 더 많은 억압을 가져왔다고 말해. 때문에 진정한 페미니스트 혁명 기획에는 아동 해방도 포함시켜야 한다는 거야. "여성과 아동들이 겪는 특권적인 노예제도(보호)는 자유가 아니"니까. "자기조절이 자유의 기초이고 의존은 불평등의 기원"*이니까.

나는 우리가 그 사실을 알아도 자유로운 삶을 살 수 있을까 생각해보게 돼. 우리가 순순히 결혼제도로 걸어 들어가지는 않겠지만, 혼자 살기 위해서는 더 많은 기술과 친구들이 필요하겠지. 내가 어떤 삶을 살든 생물학적 가족의 존재는 언제까지고 내 주변을 맴돌 거야. 직장을 자주 바꿔도 내게 삶이 더 나아지리라는 희망을 주는 곳은 찾기 어렵겠지. 나는 세상을 잘 몰랐나 봐. 대학에 가지 않고 사회에 뛰어들면 쉽게 내 역할이 생기는 줄 알았어. 그렇게 멋모르고 뛰어

---

* 슐라미스 파이어스톤, 앞의 책, 141쪽.

든 바람에 된통 겁을 먹고 말았지. 내 말에 힘을 실어줄 나이도 지위도 학력도 언어도 없는데 자신감까지 잃었다고 생각하면 자꾸 입을 꾹 다물게 돼. 최초의 여성인권대회의 시작이었던 세네카 폴스 선언에 관한 이야기를 읽을 때도 마찬가지였어.

여성의 권리를 위한 투쟁으로 이끌려온 사람들은 모두 사회적이고 심리적인 다양한 이유를 가지고 있었다. 누구는 일찍 또 누구는 더 늦게 동참했더라도, 그들은 모두 평범한 지성 이상을 공유했고 당대의 평범한 교육 이상을 받았다. 그렇지 않았더라면 그들의 감정이 어떠했던 간에 여성 비하를 정당화하던 편견을 꿰뚫어보고 거기에 반대하는 목소리를 낼 수 없었을 것이다."*

대학에 간 친구들은 나보다 많은 언어로 세상을 꿰뚫어볼까?
나는 단지 견디고 있는 걸까?
그렇다기에는 내게 중요한 영향을 줬던 너무 많은 얼굴

---

* 슐라미스 파이어스톤, 앞의 책, 193쪽.

이 생각난다. 내게 자신이 한번도 꺼낸 적 없는 이야기를 해준 사람들 말이야. 나는 아내와 어머니의 의무를 다하는 결혼이주여성이 세상을 꿰뚫어보지 못한다고 생각하지 않아. 인구가 줄어드니 얼른 결혼해 애를 낳으라는 할머니도 마찬가지야. 그들이 덧붙이는 말을 잘 들어야 해. 가사노동과 임금노동을 병행하는 결혼이주여성은 내게 홀로 애를 키우는 시간이 힘들고 외로웠다고, 아닌 척하지만 남편은 사실 아들을 더 좋아한다고 말해주거든. 인구 감소를 걱정하는 할머니는 또 내게 이런 당부를 하셔. 일찍 결혼하면 고생이라고, 최대한 늦게 성격 좋은 사람 만나라고 말이야. 그럼 나는, 나도 단지 견디고 있을 뿐이지만, 네가 해줬던 말을 다시 그들에게 되돌려주고는 해. 당신의 이야기가 너무 특별하다고 말이야.

이들의 증언도 세상을 바꿀 수 있을 거야.

그때까지 우리 진짜 웃음을 잃지 말자. 말하고 듣는 법을 잊지 말자. 네가 내 이야기를 들으며 바라본 저 먼 곳에 우리가 함께 도착하기를 바라.

.... 9 ....

육식인의 전복

『육식의 성정치』

캐럴 제이 애덤스 지음, 류현 옮김, 이매진, 2018.

나는 어느 순간부터 인간이 누군가의 착취를 딛고 살아간다고 생각해왔다. 다만 그 안에 동물은 없었다. 인간(나)과 동물 사이에 선을 그었다. 권리가 지켜져야 할 사람 그리고 잘 모르는 동물, 이렇게 말이다. 평소에 잘 볼 일 없던 동물은 삼겹살로, 한우로, 치킨으로, 토끼털 코트로 내 앞에 나타났다. 나는 살아 숨 쉬던 때의 모습이 지워진 동물을 먹고 입었다. 또 먹어 마땅한 동물과 그렇지 않은 동물을 구분했다. 개고기를 먹는 것은 꺼림칙했고, 닭고기를 먹는 것은 일상이었다. 선지 해장국의 선지가 소 피인 줄 모르고 주문했던 때에는 묘한 거부감에 국물만 홀짝홀짝 떠먹었다. 윤리적인 거부감과 본능적인 거부감이 뒤섞였다. 변하지 않는 사실은 내가 인간과 동물은 다르다고 여겼다는 점이다.

어떤 가치가 더 이상 선택이 아닌 삶이 되어버리는 순간이 있다. 얼떨결에 키우기 시작한 고양이처럼, 세상을 다시 보게 한 페미니즘처럼. 눈 감고 귀 막으려 해도 삶이 뒤틀리기 시작하는 순간을 막을 수는 없다. 『육식의 성정치』를 읽을 때도 마찬가지였다. 나는 직설적인 혁명가가 내 두 눈을 응시하며 말하는 듯한 글을 가만히 읽었다. "고기가 아니라 동물 사체입니다. 우유와 치즈는 동물 암컷을 억압하는 육식의 성정치입니다. 채식주의 행위는 가부장제 소비를 거부하고 죽음의 소비에 저항합니다." 나는 얼마나 더 외면할 수 있을까.

캐럴 제이 애덤스는 『육식의 성정치』에서 '부재지시대 상'이라는 개념을 든다. 책을 다 읽고도 내 머릿속에서 쉽게 떨쳐지지 않는 개념이다.

> 도살을 통해 동물은 부재지시대상이 된다. 동물의 이름과 신체는 고기로 존재하는 동물에게는 부재하는 무엇이다. (중략)
> 살아 있는 동물은 고기가 될 수 없다. 따라서 도살을 통해 죽은 몸이 살아 있는 동물을 대체한다.*

정육점에 매달린 고기, 굽기 전 빨간 핏기를 머금은 고기, 따뜻하게 튀겨진 고기를 보면서 살아 있었던 동물을 떠올리는 경우는 좀처럼 없다. 조금 전까지 살아 있는 반려동물의 이름을 부르고, 어루만지던 사람이라도 그렇다. 살아 있는 동물과 도살된 고기는 우리 인식 속에서 완전히 분리된다. 푸짐하게 차려진 저녁 식탁에 앉아 "펄펄 물이 끓는 거대한 통 속으로 첨벙 소리를 내며"** 사라지는 동물을 떠올리는 대신 뱃속을 든든히 채워줄 고기를 먹을 생각에 콧

---

* 캐럴 제이 애덤스, 『육식의 성정치』, 류현 옮김, 이매진, 2018, 104쪽.
** 캐럴 제이 애덤스, 앞의 책, 121쪽.

노래를 부르는 것이다.

  확실히 많은 사람들이 '동물성 단백질'을 섭취해야만 힘이 난다고 여긴다. 고기 없는 밥상은 '풀밭'이고, 이런 식사로는 지친 몸을 달랠 수 없다고 여긴다. 애덤스는 인류 초기 남성들이 집단 사냥으로 친밀감을 형성하고, 근대에 들어와서는 고기를 남성성의 상징으로 여겼기 때문이라는 분석을 내놓지만, 내 생각에는 단백질의 신화에는 남녀 구분이 없다. 게다가 우리 사회에는 날이 갈수록 발달하는 공장식 축산 시스템, 그리고 고기 소비로 만족감을 느끼는, 아니 느껴야만 하는 회식 문화가 이미 뿌리 깊게 박혀 있다.

  하지만 사실 궁금했다. 나에게 육식은 이미 밀접한 문화인데, 고기를 먹지 않을 수 있을까. 도덕적 책임감으로 육식을 하지 않는다면 무엇을 먹고 무엇을 먹지 않아야 하는가.

  막연한 기분으로 책을 읽어 내려가던 중 프랑켄슈타인의 피조물을 만났다. 머리에 못이 박혀 있으며 얼굴에는 꿰맨 자국이 선명한, 메리 셸리가 쓴 『프랑켄슈타인』의 인간 아닌 존재 말이다. 피조물은 "고기로 소비하려고 도살되는 동물들처럼 인간의 도덕적 범주에서 자기 자신이 배제돼 있는 현실을 깨닫"고, 호소력 있는 어조로 "요구하고, 간청하고, 애원하고, 명령하고, 예언"하지만 지배적인 사회 질서에 의해 제지당한다. 애덤스는 채식주의 역시 "페미니즘처럼, 마치 메리 셸리가 자기도 성원이라고 생각하던 남성 예술가 집단에서 배제됐듯이 가부장제 집단에서 배제돼 있다"*는 점을 지적한다.

나는 억압받는 피조물을 위해, 또는 거대한 자본주의 구조 아래 고통받는 동물들을 위해 그 여자들(애덤스는 동물을 '그 여자'로 부른다)을 소비하지 않을 수 있을까. 확실한 건 내가 페미니즘과 채식주의를 위협하는 "주장을 재정의하고, 범위를 명확히 하고, 권한을 박탈하려는 시도"**에 힘을 보태고 싶지는 않다는 것이다.

나는 이제 회식으로 위장에 기름칠하자는 사람들 사이에서, 오리털 베개가 놓인 침대에서 인간(나)만을 생각하지 않는다. 지금 당장은 내 눈에 보이지 않더라도 도살장을, 피 흘리는 얼굴을 떠올리려고 한다. 적어도 눈 감고 모른 척하지 않으려고 노력해본다.

지난 주말, 친구들과 뮤직 페스티벌에 갔다. 우리는 가는 길에 베이컨이 들어간 샌드위치를 먹고서 한껏 춤춘 뒤 늦은 저녁으로 닭강정을 먹었다. 황홀한 음악이 울려 퍼지는 가운데, 나는 함께 간 언니에게 요즘 내게 일어나는 흥미로운 변화를 들려줬다. 점심으로 나온 제육볶음에서 철창에

---

*   캐럴 제이 애덤스, 앞의 책, 235쪽.
** 캐럴 제이 애덤스, 앞의 책, 187쪽.

갇힌 돼지들 얼굴이 보이고, 식후 주문한 카페라떼에서 강제로 임신해 젖을 갈취당한 '그 여자'의 고통이 느껴진다는 것이었다. 내 얘기를 다 들은 언니는 "페미니즘은 참 힘든 것 같다"고 말했는데, 나는 속으로 그렇지 않다고 대답했다. 별로 힘들지 않았기 때문이다. 단지 내 일생의 모든 게 뒤바뀌는 전복적인 경험일 뿐이라고 여겼기 때문이다.

나는 페스티벌에서 돌아와 내 보금자리에 노곤한 몸을 누이고, 김치찜을 점심으로 먹으며 메일링 서비스 〈일간 이슬아〉의 김한민 인터뷰를 다시 읽었다. 밥상에 올라온 고기가 한때 살아 숨 쉬던 생명이었음을 의식하면서도, 내 오래된 고기 소비를 어떻게 줄일 수 있을지 고민하던 참이었다.

> "비건이 아닌 사회에서 비건 식생활을 실천하는 것 자체가 굉장히 힘든 일이에요. 완벽주의로 하려다가 포기해서 안 할 바에야, 가끔씩 실패하더라도 긴 텀을 두고 많은 동물을 살리는 게 더 중요해요. 더 낮게, 더 낮게 실패한다면요. 사회 자체를 더 비건 지향으로 만들면 지금보다 쉬워지겠죠."*

---

*   이슬아, 『깨끗한 존경』, 헤엄 출판사, 2019, 84쪽.

"공감은 저한테 상당히 어려운 거예요. 어느 부분이 공감인지를 정확힌 느껴야 하죠. 불편하더라도요. 비거니즘을 얘기할 때 대충 공감한다는 사람들 말고 오히려 발끈하는 이들에게서 저는 공감의 가능성을 봐요. 이 고통에 공감하는 나 vs 공감 못하는 저들. 이렇게만 분리하는 건 위험할 수 있어요. 쉬운 공감 말고 어려운 공감을 찾아가야 해요."*

나는 여전히 누군가의 착취를 딛고 살아갈 것이었다. 그 죄책감에 못 이겨 어떤 죽임도 허용하지 않는 완전무결한 삶을 살려는 건 아니다. 단지 내게 찾아온 변화를 피하지 않기로 했을 뿐이다. 내가 착취를 은폐하지 않을수록, 다른 이의 고통에 반문하고 수긍할수록, 비건이라는 낯선 주제에 구체적으로 공감할수록, 동물을 먹거나 먹지 않을 수 있는 내 자리가 더 명확히 보이리라. 내 다짐의 가짓수가 늘어날수록, 세상에 맞서는 페미니스트의 언어도, 비건의 언어도 더욱 당당해질 것이다.

그런 세상이 머지않았다. 적어도 내가 언젠가 김한민 씨의 강연에서 들었던 이야기에 따르면 말이다.

---

*   이슬아, 앞의 책, 112쪽.

"비거니즘은 '어차피'와 '최소한'의 투쟁이라고 생각해요. '어차피 안 될 거야'라고 체념하거나 '최소한 이거라도 해보자'고 움직이는 태도의 차이요."

 육식인이 전복되는 세상이 막 도약하려는 참이라고, 나는 믿는다.

················ 10 ···············

그을린 얼굴로 웃기가
왜 이렇게 어렵지

『무엇이 아름다움을 강요하는가』
나오미 울프 지음, 윤길순 옮김, 김영사, 2016.

이번 달에는 퇴근 후 '아주 작은 페미니즘학교 탱자' 과제를 하는 대신 많은 술자리에 갔다. 자취하는 직장 동료가, 동네에서 만난 사람들이, 새로 사귀어 부쩍 친해진 친구들이 나를 불렀다. 가볍게 마시는 날에는 편의점에서 세계맥주 네 캔을 사서 집 앞 군민도서관 계단에 자리를 펴고 놀았다. 여러 사람이 모이는 날에는 회사에서 운영하는 카페에 들어가 문을 잠그고 병맥주를 한 박스씩 비웠다. 직장 동료와의 소소한 다이어트 내기를 계기로 만들어진 술판도 있었다. '한 달간 당이 들어간 음료와 주류, 염분 많은 국 먹지 않기'를 내기로 건 동료는 실수로 마신 레모네이드 한 잔 때문에 그날 치킨과 맥주 값을 냈다.

우리는 술을 마시면 신이 나 몇 시간을 떠들지만, 나는 몇 가지 이야기만 기억한다. 주로 20대 후반 여자의 경험과 고민이다. 나는 30대를 앞둔 직장 언니들에게 '나이 앞자리 바뀌면 파티를 열어주겠다'며 까불다가도 언니들 이야기를 주의 깊게 들었다. 처음에는 내가 전혀 모르는 세계에 놀랐고, 그 세계의 절망을 들을수록 슬퍼졌다. 한국 사회에 여전히 공고한 외모며 학벌에 대한 차별이 곧 내게도 다다를 것 같아 두려웠다.

벌써 여러 군데 직장에 다닌 언니들은 어느 때고 여성적 아름다움을 유지해야 하는 조직의 이야기를 들려줬다. 부모와 친척, 친구들, 직장 팀장의 '살 빼야지', '네 나이 때는 여성스러운 아름다움을 갖춰야지' 하는 말에 못 이겨 '언제나 모자란 나'가 되어버린 친구 이야기도 들려줬다. 언니들은 늘 아름다움을 장착하고 출근하지 않아도 되는 우리 회사 분위기가 놀랍고 좋다고 했다. 하지만 언니들은 월급이 최저임금에서 더 오르지 않는 회사를 언제까지 다닐 수 있을지 몰랐고, 서른 살 넘은 자신이 취업 시장에 나갔을 때 어떤 취급을 받을지 잘 알았다. 주변의 걱정 어린 참견은 언니들에게 또 다른 족쇄였다. 얼굴이 빨개진 동료는 맥주를 꼴깍꼴깍 삼키면서 말을 이어갔다.

아까 낮에 왜 그렇게 기운 없어 보이냐고 했잖아. 점심 때 사촌오빠한테 전화가 왔거든. 사촌오빠가 너 아직도 '그런데' 다니냐고, 그러는 거야. 나도 그 말이 틀렸다는 건 안다? 근데 어쩔 수 없이 여러 생각이 드는 거 있잖아. 내 삶을 바꿀 생각은 없지만 주눅 드는 거.

나는 졸린 눈을 끔뻑이며 이 직장이 잘못된 건지, 세상이 잘못된 건지 생각했다. 아니면 우리가 잘못된 걸까? 우리는 '이런' 직장보다 더 나은 곳에 가지 못했으니까? 좋은 직장을 꿈꾸며 열심히 공부하지 않았으니까? 아니면 매일 아침 머리를 정돈하고, 깔끔한 옷을 고르고, 화장하는 데 시간을 들여야 하는 직장을 바라지 않았으니까? 우리는 별다른 결론을 내리지 못한 채 각자 집으로 돌아갔다. 내일의 출근이 우리를 기다렸다.

나는 어지러운 머리를 붙들고 침대에 누워 내 가치를 가늠해보았다. 내 가치를 재단하는 사회적 기준이 지긋지긋하다는 생각에 이르자 이대로 잠들 수 없었다. 나는 다시 출근해 같은 지적을 받고, 무엇이 잘못된 건지 막연히 고민하는 대신 새로운 기준을 배우고 싶었다. 벌떡 일어나 『무엇이 아름다움을 강요하는가』를 펼치자 1980년대 미국에서 같은 고민을 하는 여자들의 목소리가 들려왔다.

> 내가 너무 매력이 없다는 말을 머리로는 떨칠 수 있었는지 몰라도, 마음 저 깊은 곳에서는 내 얼굴이 괴물 같지는 않아도 참 보기 힘든 것이 있구나 하는 생각이 들었다.*

1983년, 크리스틴 크래프트는 자신이 다녔던 메트로 미디어를 상대로 성차별 소송을 했다. "크래프트는 한 시간마다 옷매무새를 검사받고 고쳐야 했으며, 날마다 스스로는 선택하지 않았을 옷의 목록을 제시받고, 그것에 대한 지불을 요청

---

* 나오미 울프, 『무엇이 아름다움을 강요하는가』, 윤길순 옮김, 김영사, 2016. 69쪽.

받았다." 그러나 소송은 크래프트가 "너무 늙고 매력이 없으며, 남성에게 공손하지 않다"*는 이유로 기각됐다.

내가 주목한 건 크래프트를 해고한 고용주나 법원이 소송을 기각한 어처구니없는 이유가 아니다. 나는 오히려 이 시대 여자들이 이전보다 더 모델 같은 외모와 사이즈를 갖기를 원하고, '못생겼다'라는 차별에 깊은 상처를 받았다는 부분에 흥미를 느꼈다. 1970~1980년대는 여성 참정권 운동을 하던 시대가 아니고 페미니즘 제2물결이 미국을 휩쓸던 시대이기 때문이다. 글로리아 스타이넘의 명쾌한 글에서는 내가 읽어내지 못한 이 시대의 숨겨진 함정이 여기 있었다.

여성의 사회 진출을 받아들이는 동시에 검열한 모순적인 시대. 1970년대에 여성이 직업시장에 진출하자 1980년대부터는 외모에 관한 법이 쏟아져 나온다. 미국 정부는 일하는 여성을 진지하게 받아들여야 한다고 말하고, 법은 그들의 외모를 진지하게 받아들여야 한다고 주장했다. "여성이 대거 공적 영역에 들어가기 전에는 직장에서의 외모에 관한 법이 그렇게 쏟아져 나오지 않았다"는 사실은 아름다움의 신화가 당시 미국에서 정치적 기능을 했음을 증명한다. "노동시장은 아름다움의 신화를 다듬어 여성에 대한 고

---

* 나오미 울프, 앞의 책, 69쪽.

용 차별을 정당화하는 수단으로 삼았다."*

이때로부터 30여 년이 지났지만, 이 모순적인 시대가 여전히 내 마음을 아프게 찌른다.

> 1984~1985년에 예일대학에서 조합원의 85퍼센트가 여성인 사무직 노동자 조합이 파업했을 때, 한 파업 주도자는 기본 이슈가 여성들에게 "우리는 어떤 가치가 있을까?" 하고 자문하도록 하는 것이었다고 말했다. 가장 큰 장애물은 "기본적인 확신의 부재"였다. 아름다움의 신화는 여성의 자존감을 낮추고, 그 결과 기업에 높은 이윤을 가져다준다.**

우리는 어떤 가치가 있을까? 이 물음을 듣자 내가 사내 노동조합 조합원으로서 사측과 첫 임금단체협상을 했을 때 자문한 것들이 떠오른다. 회사는 언제나 재정이 어렵다 말하는데, 우리는 우리의 어떤 가치를 내걸어 협상을 이끌어야 할까? 노조원들이 모이면 답을 찾지 못하는 회의를 자주 했다. 우리가 협상에 내건 노동조건은 다음과 같았다. 최저임금보다 5만 원 높은 월급, 타 지역 근무자에 대한 교통비

---

*   나오미 울프, 앞의 책, 48쪽.
** 나오미 울프, 앞의 책, 89쪽.

지급, 업무 시간 외 근무를 자세한 설명 없이 강압적으로 지시한 데 대한 사과, 한 달에 한 번 사무실 청소를 평사원뿐만 아니라 모두가 함께할 것, 마찬가지로 한 달에 한 번 있는 잡지 발송 작업을 모두가 함께할 것. 우리의 소박한 요구는 몇 가지 밖에 이뤄지지 않았다.

사측은 노동자들의 노조 결성과 단체협상 요구에 당황하고, 노조는 자신들의 가치를 재고하느라 골머리를 앓았던 겨울이 지나 여름이 왔다. 나는 유난히 햇볕이 뜨거운 날에도 선크림을 바르거나 모자를 쓰거나 쿨토시를 끼지 않고 밖에 나서는 사람이었다. 찐득거리는 선크림이 싫고, 카메라 뷰파인더를 눈에 가져다 댈 때 걸리는 모자가 싫고, 촌스러워 보이는 쿨토시가 싫었기 때문이다. 그런데 회사 대표는 내가 유난히 그을린 얼굴로 사무실에 돌아올 때마다 한마디씩 던졌다. 별 건 아니다. 그냥

예림, 오늘은 왜 이렇게 얼굴이 시꺼멓게 탔어?

라고 가볍게 말하는 정도. 그리고 매년 여름이면 같은 말을 반복한다는 것 정도.

그럼 나는 말을 무시하거나 대체 왜 그러시냐고 물어본다. 내 말을 들은 대표는 멋쩍은 얼굴로 나를 지나치지만,

그 얼굴이 다음 번에는 그러지 않겠다는 뜻이 아님을 그 자리에 있는 모든 사람이 알았다. 나는 갈수록 서먹해지는 대표와의 관계를 보면서 속으로 두 가지 생각을 했다. '너무 어리고 매력이 없으며, 남성에게 공손하지 않은 나는 이제 부당한 대우를 받으려나'. '근데 기분 나쁜 걸 말하지 않고는 못 살겠어!'

사실 우리 노조는 시작도 하지 않았다. 조합원 대부분이 여자인 우리는 업무에 더 노련해지고, 나이 들고, 결혼하고, 아이를 낳을 때마다 새로운 조항을 요구할 것이다. 그 누구도 자신의 가치를 외모로 평가받지 않게 할 것이다. 아주 사소한 말 한마디라도. 아주 미묘한 분위기라도. 이 책의 한 구절이 우리가 요구할 조항의 등불이 되어준다.

> PBQ(직업에 필요한 아름다움이라는 자격 조건)는 여성을 고립시킨다. 직장에서 여성이 집단적으로 연대하면 권력구조도 지금은 많은 경제학자가 여성이 진정으로 평등한 기회를 누리려면 반드시 필요하다고 믿는 값비싼 양보(탁아, 근무시간 자유선택제, 출산 뒤 일자리 보장, 육아휴직)를 하지 않을 수 없을 것이다. 그렇게 되면 일의 초점이 달라져 조직의 구

조 자체가 달라질지도 모른다.*

졸린 눈을 부릅뜨고 되뇐다. 조직의 구조 자체가 달라질지도 모른다, 달라질지도 모른다…

사람은 모두 누군가의 자국이 남아 있는 존재라고 했다. 내 타고난 생김새, 편한 옷을 자주 입는 나, 맨 얼굴에 아무것도 바르지 않은 상태를 좋아하는 나, 특별한 날에는 세련된 옷을 입고 구두를 신는 나, 바쁘고 힘들 때는 곱슬머리가 아무렇게나 흐트러져도 개의치 않는 나의 존재에도 누군가의 자국이 남아 있다. 내가 아름답지 않아서 '내게 첫눈에 반하는 사람은 없을 것'이라고 체념할 때마다 다시 내 겉모습을 사랑하게 하는 것도 탈코르셋이 아닌 누군가의 자국이다. 내가 어떤 자국을 가장 사랑했는지, 어떤 자국을 내 일부로 남겨두었는지 떠올려보면 내가 매일 여성적 아름다움을 장착하지 않아도 나를 사랑해주었던 이들의 손길이 지금의 나를 만들었음을 쉽게 자각한다.

다음 달에는 더 부지런히 공부해야겠다. 하지만 술자리를 빼먹을 수는 없다. 젊고 가진 것 없는 노동자가 모인 자리에서 더 좋은 질문을 던지고 싶기 때문이다. 다이어트를

---

* 나오미 울프, 앞의 책, 98쪽.

주제로 할 때마다 나오는 '볼 때마다 살 빼라는 가족들 때문에', '친구들이 다 하니까 해야 할 것 같아서' 등의 아름다움의 억압에 관한 대화를 새로운 방향으로 끌어가고 싶기 때문이다. 우리가 우리의 가치를 확신하는 날, 이 자리에서 새로운 모의가 일어나리라. 나는 그날을 기다리며 태양이 뜨거워지는 만큼 그을린 얼굴을 하고 웃으리라.

.... 11 ....

너 가짜로 살고 있구나

『젠더 무법자』

케이트 본스타인 지음, 조은혜 옮김, 바다출판사, 2015.

10대 시절을 함께 보낸 친구들이 이번 여름에 내가 사는 동네에 놀러왔다. 나는 며칠 전부터 친구들을 맞을 준비를 했다. 저렴하고 넓은 숙소를 예약했고 물놀이할 강이 불어나지 않았는지 확인했다. 야외에서 쓸 돗자리와 의자도 빌려뒀다. 마침내 도착한 친구들은 강에 들어가 수영을 하고 여름의 풍경에 감탄했다. 밤에는 춤을 췄다. 2010년대 초의 가요를 들으니 정말 시간이 흐르지 않은 것 같았다.

길지는 않지만, 시간은 흘렀다. 우리는 각자 지금과 다른 세계를 유영하며 어디론가 나아간다. 친구들은 내 옆에서 신나게 첨벙거리거나 어디로 흘러갈지 몰라도 팔다리를 신나게 휘저으며 살았다. 그런 친구들을 지켜보면 문득 내 헤엄이 지루해진다. 나는 안정적으로 사는 게 삶의 전부는 아니잖느냐고 말하다 지치고는 했다. 나는 한숨을 푹 쉬며 바다 건너에서 공부하다 온 S 옆에 누웠다. 걔는 다른 애들이 다 잠드는 동안 내게 뭔가 많은 이야기를 했다.

S는 다른 나라에 살면서 자기 자신에 관해 더 생각하게 된다고 말했다. 나는 몇 년 전 S에게 소중한 사람이 세상을 떠났음을 떠올렸다. 그리고 "사람은 죽음을 실감할 때 삶의 욕망에 더 솔직해진다"며 죽음을 애도하던 S의 이야기를 기억하며 이렇게 말했다. "왠지 네가 많이 변할 것 같아." S는 잠시 아무 말도 하지 않더니 이렇게 대답했다. "애들이 점점

가짜가 되어가는 것 같아."

나는 화들짝 놀랐지만, '가짜'라는 말에 푹 찔린 아픈 마음을 부여잡고 고개를 끄덕였다. "맞아, 맞아." 걔가 말을 이어갔다. "너는 나 같은 선택을 하지 않았을 거고, 나는 너 같은 선택을 하지 않았을 거잖아." S는 '가짜'가 아니라 '각자'를 말하고 있었다. 나는 어떤 모습으로든 각자 헤엄쳐나가는 애들을 보며 내 삶이 '가짜'라고 생각하던 터였고 그래서 지레 찔렸던 것이다. 내가 가짜가 된 순간에는 특별한 사건이 없었다. 나를 옥죄던 굴레가 편안해질 때, 내가 누리는 편안함을 의심하지 않을 때, 답이 없는 문제를 고민하는 척하다 말 때, 나는 천천히 가짜가 되었다. 가짜로 사는 것도 익숙해져서 유야무야 매일을 보내다 보면, 어느 날, 몸 한 구석에 미뤄둔 의문이 스멀스멀 올라온다. 내가 일하면서 원하는 게 정말 이것인지, 내가 최선을 다하는 이유는 무엇인지, 내가 즐거워하는 일이 왜 이렇게 적은지와 같은, 스스로에게 매번 물어도 매번 새로운 의문들이다. 이 유난스러운 의문은 다시 나를 헤엄치게 할까? 주저앉게 할까?

내가 첫 사회생활의 늪에서 버둥대는 동안, 친구들은 자신이 가짜로 살아온 과거를 기억해냈다. 우리가 함께 10대 시절을 보낸 공간에서는 기껏해야 남자와 여자로 성별이 나뉘었고, 여성성과 남성성, 잘나가는 애와 못나가는 애의 계급이 존재했다. 어떤 애는 이 세계에서 탈락하고 싶지 않아서 늘 얌전한 모습을 취했다고 했다. 일찌감치 자신이 이상적인 여성상에 부합하지 않는다고 확신한 애는 잘나가는 남자애들이 두려웠다고 했다. 반면 남성 세계에서 탈락한 남자애 앞에서는 긴장하지 않았다고, 걔는 덧붙여 말했다.

이제는 그때의 우리가 아니라지만, '가짜'였던 때를 기억하고 '각자'의 모습대로 산다지만, 정말 문제는 해결된 걸까? 할 수 있는 만큼 온 힘을 다해 각자로 살면 되는 걸까? 남녀 이분법적인 젠더 체제를 무너뜨리면 평화가 올까? 그런 날이 오기 전에, "여성임을 확신하는 게 어떤 건지" 내 눈을 들여다보며 묻는 케이트 본스타인의 간절한 질문에 답할 수 있을까?

여자임을 확신하는 게 어떤 거냐니. 살면서 한 번도 받아본 적 없는 질문을 던지는 케이트 본스타인은 '젠더 무법자'로서 말한다. "한쪽에 탄생이 있고, 다른 쪽에는 죽음이 있으며, 그 사이가 삶"인데 "우리는 젠더를 둘뿐이고, 오로지 여자와 남자만 있다고 주장한다"고. 그리고 "이것이 자연의 섭리라고 주장한다"고. 우리가 현재 젠더 이분법을 해체하면 진정한 각자의 젠더 정체성을 찾을 수 있다고.

우리가 오직 젠더에만 기반을 둔 성적지향(이성애

자, 동성애자, 양성애)을 믿는다면 그것은 스스로를 속이는 것이고 우리는 진정한 젠더 정체성을 찾지 못할 것이다. 마찬가지로, 남성/여성 이분법에만 기반을 둔 젠더 범주를 믿는다면 스스로를 속이는 것이고 우리는 진정한 젠더 정체성을 찾지 못할 것이다.*

케이트 본스타인의 글을 따라가다 보면 한 번쯤 내 정체성을 의심하지 않을 수 없다. 내 성별은 정말 타고난 걸까? 보편적인 젠더 범주에 들어가지 않는 성별을 가지고 태어났다면 나는 '고쳐졌을까'?

당신은 고쳐졌을 것이다. 남들과 다르거나 이례적인 성기로 태어나는 것은 꽤 흔한 경험이지만, 현대 서구 의학은 인터섹스를 허용하지 않는다. 그들은 "고친다".**

사람들은 욕망하기 위해 정체성을 필요로 한다고, 케이트 본스타인은 말한다. 어쩌면 우리는 '여자' 혹은 '남자'라는 젠더로 살아가는 게 아니라 특정한 젠더를 연기하고 있

---

* 케이트 본스타인, 『젠더 무법자』, 조은혜 옮김, 바다출판사, 2015, 71쪽.
** 케이트 본스타인, 앞의 책, 100쪽.

는지도 모른다는 것이다. 낭만적 관계에 적절한 정체성을 스스로 규정하고 역할을 수행한다고 하면 떠오르는 내 모습이 있다. 연애를 할 때 나는 결코 약하지 않은데 약한 모습을 취했던, 그래야만 우리 관계가 낭만적으로 보일 거라고 짐작한 어떤 순간들.

그동안 내 삶을 지탱해온 믿음을 해체한다는 건 두렵고 상상하기 어려운 일이다. 젠더를 해체하면 더 많은 가능성을 찾을 수 있다는 말 역시 그렇다.

하지만 『젠더 무법자』에서 케이트 본스타인이 내가 모르는 세상을 사는 듯한 구절을 읽을 때면, 자유롭게 시공간을 넘나드는 듯한 표현을 읽을 때면, '이건 케이트 본스타인만 쓸 수 있다'는 생각이 들만큼 간절한 언어를 엿볼 때면 내가 아는 테두리 너머의 세상이 궁금해진다. 견고한 성별 이분법의 장벽을 뚫고 젠더를 가로질러온 지난 시간이 그를 이토록 자유롭게 만들었던가. 그렇게 마침내 케이트 본스타인은 모든 사람이 젠더를 유영하는 세상을 상상하게 된 건가.

> 우리 영혼에는 가능성이 가득한데도, 우리는 더 많은 사람에게 받아들여지도록 자신을 사회적으로 처방된 이름과 범주에 묶어둔다. 우리는 누구라도 생각해볼 필요가 없는 정체성을 취한다. 아마 그것이 우리

가 남자와 여자가 되고 그렇게 남는 이유일 것이다.*

나는 점점 더 많은 트렌스젠더 목소리, 우리 무지개 전체의 목소리가 이 문화에서 높아지기를 바란다. 그리고 사람들이 이 책을 보고 "젠더를 이야기하는 데 이렇게 힘을 많이 쏟아붓다니, 도대체 사람들에게 두 가지 선택지 밖에 없었던 시절에는 세상이 어땠는지 궁금하네"라고 말할 날을 고대한다.**

한국의 성별 이분법과 그에 따른 문화 속에서 나는 어디까지 가짜로 살고 있는지 잘 모르겠다. 다만 늘 경계를 넘나드는 젠더무법자의 이야기가 오래 기억에 남을 것 같다. 나는 그들이 가까운 미래에 '분류되어야 하는' 존재가 아닌 '경계를 유영하는' 물고기가 되어 사람들을 자유롭게 하리라고 믿어 의심치 않기 때문이다. 그날이 오면 우리는 자신이 진짜인지, 가짜인지 고민하는 대신 물고기처럼 아름답고 자유로운 친구를 사귈 테다. 우리는 함께 해가 질 때까지 강가를 떠나지 않으며 자신이 누구인지도 잊을 만큼 오래 헤엄을 칠 테다.

---

* 케이트 본스타인, 앞의 책, 113쪽.
** 케이트 본스타인, 앞의 책, 374~375쪽.

.... 12 ....

우리가 앓는 장애

『거부당한 몸』

수전 웬델 지음, 강진영·김은정·황지성 옮김, 그린비, 2013.

The Rejected Body(거부당한 몸)라는 제목을 오래 들여다봤다. 몸은 누구로부터 거부당한 걸까. 국가로부터, 사회로부터, 가족으로부터, 혹은 자기 자신으로부터 거부당했을까.

『거부당한 몸』의 저자 수전 웬델은 근육통성 뇌척수염(만성피로 면역장애증후군)을 앓으며 장애를 공부하기 시작한다. 여성과 장애에 관한 수업을 열고, 마침내 1996년에 『거부당한 몸』을 출간한다. 수전 웬델이 주기적으로 극심한 피로를 느끼는 데다 단기기억 장애가 오기도 하는, 일상을 완전히 뒤바꾸는 곤란한 손님을 온몸으로 맞이하지 않았다면 '여성주의 철학'에 관한 논의에 장애가 포함되지 않았을지 모른다.

남의 고통이나 슬픔, 변화를 알아채는 데는 늘 좁혀지지 않는 거리가 있다. 반면 몸으로 직접 겪은 혼란과 아픔, 외로움은 내 안에 곧잘 뿌리내리고, 다른 이의 유사한 경험을 빠르게 흡수한다. 타인의 고통을 자신에게 의미 있는 상징으로 만드는 경우도 있다. 도살장에 끌려가는 소 눈을 바라보며 절망의 표정을 짓는 사람, '불타는 집' 지구가 걱정스러워 피켓을 들고 거리에 나선 사람처럼.

수전 웬델은 여성주의 이론에서 발전한 '타자'라는 개념이 장애인의 사회적 지위를 이해하는 데 유용하다고 말한다. 비장애인이 자신을 정상이라 여기며 글을 쓰고, 문화를 구축하고, '매우 좁은 범위의 능력을 가진 사람들에게 맞도록' 건물을 세우는 동안 장애인은 지워진다. 장애인은 비정상적인 자신과 싸우고, 수많은 난관을 마주할 집 밖으로 나서지 않으며, TV를 켜도 소설책을 넘겨도 자신과 같은 '비정상'을 찾지 못한다. 마치 모두가 자신은 영원히 장애인이 되지 않으리라고 믿는 것 같다. 실은 그렇지 않다고, 수전 웬델이 말한다.

> 나이가 드는 것이 장애를 갖게 되는 것이라는 사실을 깨달으면 비장애인이 장애인을 '타자'가 아니라 미래의 자신으로 인식하는 데 도움이 된다. 갑자기 죽지 않는 한 우리 모두는 결국에는 장애인이 된다.*

내가 자라는 동안에도 크고 작은 몇 번의 인식 변화가 있었다. 예를 들어, 어릴 적 내가 살았던 작은 반지하 집이 이주노동자가 많은 동네에 있지 않았다면, 나는 이주노동자를 무섭거나 안쓰럽게만 바라봤을지 모른다. 내가 성소수자 친구를 사귀지 않았다면, 나는 그들을 차별받는 안타까운 사

---

* 수전 웬델, 『거부당한 몸』, 강진영·김은정·황지성 옮김, 그린비, 2013, 51쪽.

람쯤으로만 여겼을 것이다. 내가 만난 이주노동자와 성소수자는, 유쾌한 대화 속에서 내게 그들이 바라보는 세상을 들려주었고, 나는 그들의 이야기를 들으며 이주노동자나 성소수자와 같은 이름이 '그들'이 아닌 내 것이 될지도 모르는 이름이라고 생각했다. 내가 이전에 지팡이를 짚는, 손짓과 표정으로 대화하는, 휠체어를 타는, 또는 만성 질병을 겪는 이들을 만났다면 또 다른 곳으로 시선을 돌렸을 테다. 장애가 나와 먼 일이 아니라는 사실을 깨달았을 것이다. 사회가 외면한 장애가 지금 당장은 그들의 문제이지만, 곧 내 문제가 될 테니까.

하지만 '차별금지법 그냥 하지 말자'는 (무려) 국가인권위원회 위원장의 태도를 보아 하니* '타자'가 '우리'가 되는 세상이 도래하는 날은 아직 요원한 것 같다. 우리는 수전 웬델이 1990년대에 이미 꿈꿨던 '가장 느린 사람에게 속도를 맞추는 사회'로 얼마나 다가섰을까.

> 나는 장애가 없는 사회를 상상할 때 모든 신체적·정신적 '결함'이나 '비정상성'이 치료될 수 있는 사회를 상상하지 않는다. 오히려 언젠가 모든 것을 '치료할

---

* "'총선 때까진 차별금지법 거론말라'는 인권위원장", 《한겨레》, 2019년 9월 18일자.

수 있다'는 환상이야말로 장애의 사회적 해체를 막는 심각한 걸림돌이라고 믿는다. 나는 그 대신 완전하게 접근 가능한 사회를 상상한다. (중략) 그러한 사회에서라면 걸을 수 없는 사람이 장애를 갖지는 않을 것이다. 걸을 수 있는 사람에게 접근 가능한 모든 종류의 주요 활동이 걸을 수 없는 사람에게도 가능할 것이다.*

어떤 몸이 거부당하는 사회적 기준을 곰곰이 따져본다. "어떤 능력이 기본적인가라는 물음에 대한 답은 어떤 능력이 정상적인가라는 물음과 마찬가지로, 상당 부분 그 능력이 발휘되는 사회 환경에 달려 있다"** 수전 웬델은 장애가 사회적으로 구성된다고 말한다. 자신이 가진 손상에도 불구하고 자기 자신을 장애인으로 정체화하지 않는 이유도 여기에 있다. "스스로를 장애인으로 규정한다면 다른 사람들이 자신을 완전히 무능력한 사람으로 여기고 남아 있는 능력을 보지 못하거나, 더 나쁘게는 일상적인 능력과 성취들을 '예외적인 것' 또는 '용감한 것'으로 생각할까 봐 두려운 것이

---

*   수전 웬델, 앞의 책, 115쪽.
** 수전 웬델, 앞의 책, 48쪽.

다."* 비장애인으로 살다 장애를 갖게 된 사람, 장애에 찍힌 낙인을 나중에서야 받아들이는 장애아, 장애가 '치료되기를' 희망하는 사람은 자신을 장애인으로 여기지 않음으로써 두려운 낙인을 지우고자 한다.

이 팍팍한 사회 속에서도 수전 웬델은 장애를 받아들이고 삶을 다시 설계한다. 그러나 주변 사람들은 그런 수전 웬델을 두고 안타까운 표정을 짓는다. 사람들은 희망을 찾아 한 발자국씩 걸음을 뗀 수전 웬델이 단지 '장애를 받아들였다'는 이유로 '희망을 포기했다'고 여긴 것이다.

수전 웬델은 장애를 받아들이며 몸과 생활의 변화를 맞이한다. 무리하지 않고 일할 수 있도록 삶의 속도를 늦췄다. 속도를 늦추면서 수전 웬델은 장애를 '차이'로 바라보게 된다. 웬델과 비슷한 경험을 한 사람이 더 있다. 심한 투렛증후군을 치료했지만 탁월한 재능과 민첩함, 야성성을 잃고 싶지 않아 주말에는 약을 복용하지 않는 틱키 레이, 또 치매로 발전할 수 있는 신경매독을 치료했지만 "다시 젊어진 것처럼 느껴"지는 삶의 변화가 좋아 완치하지 않은 90세 나타샤K가 그 경우다. 언제든 뒤바뀔 수 있는 게 삶이라는 걸 우리는 자주 잊고 산다.

---

* 수전 웬델, 앞의 책, 65쪽.

수전 웬델에게는 삶을 뒤바꾼 몸을 통한 경험이 무척 소중했던 모양이다. 정신과 몸을 구분하는 데카르트적 이원론 대신 몸의 초월이라는 개념을 내놓았으니 말이다. 모든 게 뒤바뀌는 경험을 한 수전 웬델은 다른 무엇보다 몸을 명료히 인식하고자 한다. 밤을 꼴딱 새도 데이트에는 문제가 없는 반면, 충분히 잠을 자도 숙제를 하려면 졸음이 쏟아지는 나로서는 여전히 몸과 정신이 유기적으로 연결돼 있다고 생각하지만, "의식과 몸의 관계를 이론화할 때 장애를 가진 사람들의 경험을 고려하는 것이 얼마나 중요한지 보여주고 싶은 것"*이라는 수전 웬델의 말에는 고개를 여러 번 끄덕인다.

우리는 반드시 고통받는 몸, 고통 없이는 인식되지 않는 몸, 또한 상반되는 감정 없이 단순하게 찬양하기 힘든 몸을 가지고 살아가는 것에 대해 이야기해야만 한다.**

사회적 대화를 위해 넉넉한 시간이 주어지면 좋겠다. "한 사회 내의 삶의 속도가 빨라질 때 더 많은 사람들이 장

---

* 수전 웬델, 앞의 책, 329쪽.
** 수전 웬델, 앞의 책, 330쪽.

애를 가지게 되는 경향이 있다"는 통찰이 주는 울림이 크다. 서울이라는 커다란 도시에 살았다면, 영원히 닿지 않을 듯 높은 천장을 가진 기업에 다녔다면 나는 어떤 장애를 안고 살았을까. 사람들이 상대적으로 평온한 일상이 주어질 거라고 생각하는 지역 생활 역시 필사적이기는 마찬가지다. 필사적이지 않으면 내 존재를 지키며 살아가기 어렵기 때문이다. 미래를 상상할 수 없기 때문이다. 밤 늦게까지 불이 켜진 사무실에서 필사적인 사람들이 잠들지 못하고, 편안히 먹지 못하고, 웃음을 잃어간다. 모두가 필사적으로 움직이도록 만드는 사회는 어떤 질병을 만들고 있을까. 어떤 장애를 구성하고 있을까.

    우리는 어떤 장애를 앓고 있을까.

······· 13 ·······

일탈이 일상이 되는 세상을 위하여

『일탈』

게일 루빈 지음, 신혜수·임옥희·조혜영·허윤 옮김, 현실문화, 2015.

나는 대체로 이분법적인 사고를 하며 자랐다. 생각해 보면 이분법적으로 생각하는 것만큼 편한 태도가 없다. 어릴 때 가족들과 거실에 앉아 뉴스를 보면서 나는 이렇게 물어보고는 했던 것이다. "저 사람은 나쁜 사람이야, 좋은 사람이야?" 키가 50센티미터 더 자란 지금은 조금 더 복잡한 질문을 한다지만, 속으로는 여전히 어떤 사안이 '좋은지', '나쁜지'를 놓고 가늠한다. 판단이 내려지지 않는 쟁점은 머릿속에서 금방 치워진다. 이쪽인지, 저쪽인지 명확하게 듣지 못한 답변도 금방 지워진다. 그러니 또 다시 비슷한 이슈를 접할 때 내 머릿속에는 아무것도 남아 있지 않다. 그건 내가 이분법적인 사고를 해도 되는 사회적 위치에 있기 때문일 것이고, 혹은 새로운 이슈와 유행에 게으르기 때문일 것이다. 안락하고 게으르게, 주어진 것에 만족하며 살아도 부끄럽지 않을 수 있다면 좋겠는데 어째 세상은 내 마음대로 돌아가지 않는다. 내가 이분법적인 사고를 할 때, 도덕적이라고 믿는 문제에 열렬히 힘을 보탤 때 실은 내가 엄청나게 부끄러운 모습을 하고 있을지도 모른다는 깨달음처럼 말이다.

학교에 부모님이 원하는 장래희망을 적어가야 했을 때, 아빠는 '사람'이라고 말했다. 내게 직업에 얽매이는 대신 정의로운 인간이 되라고 말해온 아빠다운 대답이었던 셈이다. 나는 아빠 옆에 앉아서 "사아… 람…"이라고 받아 적었고 아빠는 내게 제대로 된 사람 구실을 해야 하는 이유를 길게 설명했다. 야아, 돈 잘 벌고 이러는 것보다, 사람 구실을 하는 게 중요한 거야. 사회가(어쩌고저쩌고)… 노동이(어쩌고저쩌고)… 어쨌든 아직도 그 대답을 기억하는 걸 보면 나는 아빠의 답이 마음에 들었던 것 같다.

아빠와 나는 아직까지 사이가 좋다. 우리가 비슷한 정의를 추구해왔기 때문일 것이다. 그러나 만약 내가 아빠와 다른 정의를 추구한다면? 성적으로 보다 탐구적인 사람이 될 것이고, BDSM(결박, 훈육, 사디즘, 마조히즘의 성적 실천을 뜻하는 약어)을 시도해보겠으며, 그것은 전혀 정신병적이지 않은 현대의 섹슈얼리티 장치일 뿐이라고, 가족들과 거실에 앉아 뉴스를 보다가 불쑥 선언한다면? 아빠와 나는 계속 좋은 관계를 유지할 수 있을까. 나는 여전히 아빠에게 '사람 구실하는 바람직한 딸'일 수 있을까. 가족들은 나를 당장 호적에서 파버리지는 않더라도, 섹슈얼리티의 불가촉천민으로 전락한 내게 닥칠 미래를 상상하며 불안에 떨지 모른다. 나는 차마 그렇게 불안해할 필요 없다고, 별일 아니라고 가까운 사람들의 어깨를 토닥일 수 없을 것이다.

물론 이건 게일 루빈의 『일탈』 중 「5장 성을 사유하기」를 읽고 쓴 가정일 뿐이다. 게일 루빈은 성 본질주의, 성 부정성 등 이데올로기 때문에 미뤄진 "섹슈얼리티 사유라는 긴

급한 과제"를 재차 강조하는데, 이 부분에서 나는 문득 친구들과 킥킥대며 나눴던 부도덕한 고백이 떠올랐다. 우리는 누가 볼 새라 두 손으로 입모양을 가리고 각자가 즐겨보는 부도덕한 콘텐츠를 속닥거렸다. 이를테면 이런 이야기. "이런 얘기는 너무 변태 같아서 좀 그렇지만…" 혹은 이런 투덜거림. "왜 야한 만화에는 늙고 못생긴 남자만 나오는 거야?"

무엇이 변태적이고 무엇이 정상적인가. 게일 루빈은 "지위가 낮은 성 경험"을 구분하는 경계를 '성 유해성 도미노 이론'*으로 보여주며 '어디에 경계를 그을 것인가' 묻는다. '좋은' 성에는 이성애의, 혼인 관계의, 일대일 관계의, 출산하는, 집에서 하는 등 소위 '정상적이고 자연스러운' 것이 적혀 있다. 반면 '나쁜' 성에는 트랜스섹슈얼, 페티시스트, 사도마조히스트, 세대 간의 관계를 맺는 등 소위 '비정상적이고 부자연스러운' 것이 나열돼 있다. 벽돌로 쌓은 높고 두꺼운 경계선이 좋은 성과 나쁜 성을 가른다. 성적 질서를 지키는 경계선은 성적 혼란에 대한 두려움을 시사한다. 누군가가 이 견고한 경계선을 가로지른다면 우리가 믿었던 '무시무시한 성교에 대한 방어벽이 무너지고' '무언가 형언할 수 없는 것들이 날뛰게 되리라는 두려움' 말이다. 그러나

* 게일 루빈, 『일탈』, 신혜수·임옥희·조혜영·허윤 옮김, 현실문화, 2015, 307쪽.

"이런 종류의 성도덕은 진정한 윤리학보다는 인종주의 이데올로기와 더 많은 공통점을 지닌다. 그것은 선을 지배집단에 부여하고 악을 하층민에게 몰아넣는다. 민주적인 도덕이라면 파트너를 대하는 방식, 상호 배려 수준, 강제력 유무, 제공하는 쾌락의 양과 질로써 성행위를 평가해야 한다."*

나는 내가 가늠할 수 있는 '좋은 것'과 '나쁜 것'에서 벗어난 '성적인 이야기'에서 계속 헤맸다. 특히 여성을 착취하고 억압하는 형태로 발전해온 매춘, 포르노그래피 등 성 산업에 대한 반박적 서술은 게일 루빈이 말하는 '성 사유' 없이는 이해할 수 없었다.

19세기 말 유럽과 미국의 산업화 및 도시화, 가족관계 개편, 젠더역할 변화가 가져온 근대적 성 배치 시대를 읽을 때는 내게 다른 종류의 의문이 생기기도 했다. 동성애를 비롯한 새로운 종류의 성애적 개인이 고립된 농촌에서 도시로 나와 공동체를 형성하면서 도시 재개발로 위기를 맞거나, 게이 게토의 경우 번영과 문화적 융성을 누리기도 했다는데, 게이보다 소득이 적은 레즈비언의 경우는 어땠을까? 지역의 눈으로 보니 다르게 읽히는 문제도 있다. 당시 동성애자들은 고립된 농촌에서 도시로 나왔는데, 이들이 떠난 농

---

* 게일 루빈, 앞의 책, 309쪽.

촌은 이때부터 더디게 변하거나 거의 변하지 않았다. 게일 루빈의 말에 따라 자본주의가 이전의 미신, 편견, 그리고 전통적 생활 방식이라는 족쇄를 끊었다는 점에서 진보적이라고 한다면, 자본주의가 농촌의 희생을 딛고 발전했다는 점은 어떻게 바라봐야 하는 걸까?

물론 나도 도시보다 느리게 변화하는 농촌에 살다 보면, '젊은 여자들이 애를 안 낳아서 농촌 경제가 다 죽는다'고 말하는 어른을 너무 자주 만나다 보면, 그렇게 섹슈얼리티를 퇴보시키는 전통적 문화의 족쇄를 자주 체감하다 보면, 당장이라도 농촌을 떠나고 싶어진다. 전통적 문화와 법이 지키고자 하는 것은 이뿐만이 아니다.

> 법은 유년의 '천진무구함'과 '성인'의 섹슈얼리티 사이에 놓인 경계를 유지하는 데 특히 흉포하다. 우리 문화는 젊은이들의 섹슈얼리티를 인정하기보다, 그리고 배려하고 책임지는 태도로 그것에 대비하기보다, 지역마다 다르게 지정된, 합법적 성관계 승낙 연령에 미치지 못하는 법적 미성년들의 성애에 대한 관심과 행위를 부정하고 처벌한다.*

---

* 게일 루빈, 앞의 책, 320쪽.

게일 루빈은 지위가 높은 섹슈얼리티를 가진 (또한 이 체계를 공고히 하는) 이들이 1910년 '맨법'*과 1950년 '동성애 반대 캠페인'** 그리고 1970년대 '아동 포르노그래피 공황'***이라는 도덕적 공황에 휩싸인 사건을 나열하며 앞으로는 성에 역사를 부여하고, 성을 사유하기 위한 기술적, 개념적 체계를 만들어야 한다고 주장한다. 성적 반체제 인사에 대한 낙인은 우선 그들을 가장 괴롭히지만, "모든 이는 사회적, 법적 변화에 영향을"**** 받기 때문이다. 나는 어쩌면 게일 루빈이 자주 쓰는 노트 맨 앞에 이런 구절을 적어두었을지도 모른다고 생각했다.

---

* 창녀의 호객 행위, 음란 행위, 부도덕한 목적의 배회, 연령 제한 위반, 사창가와 매음굴에 반대하는 금지조항을 만들어낸 '백인 노예 반대 캠페인'에서 비롯해 1910년 미국에서 통과된 법. 이어서 미 연방의 모든 주에서 반매춘 법이 제정되었다.

** '반동성애 십자군'이 주도한 동성애 반대 캠페인. 이후 FBI가 동성애자를 조직적으로 사찰하고 탄압하거나 경찰이 게이 바를 급습하는 등 게이 밀집지역에 대한 단속이 전국적으로 시행되었다.

*** 1977년 2월 '아동 포르노그래피'에 대한 우려가 전국 언론 매체를 휩쓸며 《시카고 트리뷴》은 어린 소년들을 매춘과 포르노그래피로 꾀어내는 전국 규모 성범죄 조직을 폭로한다고 주장한다. 이에 연방정부는 '아동 포르노그래피' 근절을 위한 대대적인 법안을 제정했고, 느슨해졌던 성 관련 규제가 원상 복구되었다. 미성년자의 누드나 성행위에 관한 모든 묘사를 외설로 정의해 그런 이미지를 18세 미만 학생들에게 보여주거나 소장하면 중범죄로 기소될 수 있게 되었다.

**** 게일 루빈, 앞의 책, 333쪽.

"육체라는 종교, 그것의 입맞춤은 기도"*

　게일 루빈이 말하는 '일탈'은 성적 이탈자에게 해당하지만, 안락하고 게으르게 살아가는 내게도 두렵고 짜릿한 단어다. '일탈'은 명명백백한 정의만을 고집하는 나에게 필요한 변화의 방향이기도 하다. 나는 내게 일어날 변화를 고대하며 작게 읊조린다. 안주하는 자의 일탈을 위하여, 일탈이 일상이 되는 세상을 위하여!

---

*　게일 루빈, 앞의 책, 194쪽. 리안 드 푸지가 레즈비어니즘을 주장하는 젊은 나탈리 버니를 묘사한 대목이다.

.... 14 ....

이방인의 집

『시스터 아웃사이더』
오드리 로드 지음, 주해연·박미선 옮김, 후마니타스, 2018.

나는 언제부터인가 내가 미처 이해하지 못한 것들을 모은다. 저마다 다른 사고방식과 언어가 그것이다. 그 색도, 냄새도, 형태도, 크기도, 속도도 다른 사고방식이 가장 잘 드러나는 형체를 떠올린다면 '집'이 가장 적절할 것 같다. 실제로 나는 다른 집에 놀러갈 때마다 관찰자의 자세를 취한다. 그 집 책장에 꽂힌 책과 잔잔하거나 요란하게 흐르는 음악이 내게는 집 주인의 언어를 들여다볼 수 있는 창문처럼 느껴진다. 나는 오래된 그릇, 도자기로 빚어 울퉁불퉁한 컵, 어떤 전시의 팸플릿, 그 사람의 습관대로 널브러진 물건들, 어디서도 본 적 없는 이국적인 장식품, 직접 그린 그림과 편지들, 어디선가 주워온 쓸 만한 가구, 오래된 무늬를 가진 깔끔하게 개켜진 이불, 잘 모르는 그래픽노블 만화책과 시집, 아름다운 표지를 가진 소설책 같은 것을 둘러본다. 꼭 익숙한 미술관에 간 것처럼. 예술품을 수집하는 사람이 된 것처럼. 어딘가 근사하고 궁금한 공간을 둘러보는 잠깐 동안은 내 안에 사는, 내가 모르는 나를 발견할 수 있을 것만 같은 기분이 든다.

    내게 가장 흥미로운 집은 나와 가장 다른 성향의 사람이 사는 집이기도 하다. 마당이 딸린 주택에 사는 내 친구 S는 뭘 해도 나와 의견이 맞지 않았는데, 매번 의견을 맞추지 못해 웬만한 결정사항은 언제나 같이 다니는 친구 '권'에 의해

좌지우지될 정도였다. S는 늘 뭔가 조몰락거리거나 새로운 아이디어를 냈고, 그렇게 벌어진 웃기거나 황당한 사건은 친구들 사이에서 두고두고 회자됐다. 나는 S의 작당에 대체로 시큰둥한 편이었는데, 막상 걔가 제안한 대로 놀면 너무 재밌고, 다음날이면 또 귀찮아 하는 패턴의 반복이었다.

우리 셋은 시내보다 S네 집에서 더 자주 놀았다. S네 집은 S와도 닮아서, 걔네 집에 가면 다른 집에 갔을 때보다 다양한 방식으로 놀았다. 우리는 전통시장에서 사온 재료로 삼계탕을 끓여 먹고, 마당에서 야채를 구워 와인과 함께 먹는가 하면, 한창 영화 〈알라딘〉이 상영될 때는 〈알라딘〉 OST를 틀어놓고 춤을 췄다. 늦게까지 야한 영화를 보다 잠들었고, 한낮에 일어나 대충 널브러져 있다 집 근처 칼국수 집에서 점심을 먹은 뒤 헤어지고는 했다. 마당 고양이가 볕을 쬐는 평화와 온갖 흥미로운 잡동사니가 가득한 S네 집에는 얼마든지 놀고먹어도 될 것 같은 이유 모를 여유로움이 있었다. 그러던 어느 날, S네 집에서 굿바이 파티가 열렸다. 영국으로 유학 가는 S와 J를 배웅하는 송별회였다. S가 영국으로 유학을 떠나면서 우리는 예전만큼 그 집에 가지 않게 되었다.

가끔씩 S의 인스타그램에 사진이 올라왔다. 같은 학교 친구들과 할로윈 분장을 하고 웃고 있는 모습이나 S가 조몰

락조몰락 만들어낸 찰흙 인형 같은 것이었다. 같이 유학 간 J의 인스타그램에는 종종 문장과 문장 사이의 공백이 넓은 긴 글이 올라왔다. 실종된 한국인 유학생, 인종차별에 의한 길거리 폭행사건을 언급하는 글에 분노가 묻어났다. 내가 가늠할 수 없는 낯선 땅에서의 감정일 것이었다.

나는 내가 모르는 낯선 땅에서 살아가는 애들에게 생일 기념 택배를 보내기로 결심했다. 영국에서 구할 수 없는 물건이 뭘까, 고민하다 내가 좋아하는 책 몇 권과 편지를 박스에 넣었다. SNS와 메신저라는 편리한 소통 수단이 있음에도 나는 이 편이 더 좋았다. 서로에게 빠르게 닿는 말과 사진은 물리적 거리를 좁혀주지만, '언제든 연락할 수 있는데 하지 않았다'는 사실이 우리 사이를 소원하게 만들 것 같았다. 택배는 내가 영국 주소를 정확히 작성하는 데 몇 번을 헤맨 뒤 국내 택배의 몇 배가 넘는 택배비를 지불하고 나서야 겨우 바다를 건널 수 있었다. 한국에서 보낸 택배가 영국에 도착하기까지 걸리는 시간은 우리 사이의 먼 거리를 가늠하게 했고, 나는 바다 건너 도착한 소식이 SNS나 메신저와는 다른 질감을 가질 거라고 생각했다.

너무 빠르지 않게, 또 흔하지 않게 서로의 거리를 느끼고 싶었던 건 친구 권도 마찬가지였다. S네 집에서 열린 송별 파티 때 권은 S에게 편지를 썼다. 권은 며칠 내내 편지에 쓸 말을 고민했다고 말했다. 권이 쓴 편지는 S에게 전해졌고, 뜻밖에도 편지는 다시 권과 나에게 돌아왔다. 권이 아주 중요한 시험을 보기 며칠 전, S가 권이 쓴 편지로 만든 영상을 보내온 것이었다.

'사실 타인의 말에 대해서는 거리 두기가 어렵지 않다. 그런데 자신이 한 말에 거리 두기란 어렵다. 자기 자신이 한 말이나 스스로에게 쏟아내는 비난은 사실이라고 생각하기 때문이다. 하지만 실제로는 그렇지 않다. 우리가 실패했을 때 자신에게 던지는 말은 질투에 불타는 라이벌이 내뱉는 폭언만큼이나 근거 없는 말일 수 있다.'
내가 태어나고 자라서 익숙한 곳에서도 자잘한 실패가 차고 넘치도록 많은데 멀리 영국에는 또 어떤 어려움이 있을지 짐작도 안 가. 행복하라거나 잘 지내라는 말은 너무 상투적이니까 좀 그렇고. 나는 네가 영국에서 수많은 새로운 것 사이에서 너를 비난하지 않고 지냈으면 좋겠어.

영상에서 S는 권이 쓴 편지를 나지막한 목소리로 읽었다. 배경에는 연필로 오돌토돌한 종이에 선을 긋듯 사각거리는 소리가 깔렸고, 쪼르륵 흐르는 물소리가 겹쳐졌다. S가 휘파람을 불고, 흥얼대는 소리를 덧대자 꼭 우리가 같은 공간에서 함께 편지를 읽는 것 같았다. 흑백 영상 속에서 S의 작고 말랑한 손과 팔이 춤을 췄다. 곧이어 S의 쌍꺼풀 진 눈이 등장해 새까만 눈동자를 이리저리 굴렸다. 마지막으로 카메라는 S의 기숙사 방을 이리저리 비췄다. S가 아침저녁으로 여닫을 커튼, 흰색 벽, S의 취향대로 모아 붙인 엽서와 사진. 벽에 기댄 S. S는 낯선 땅에서 자신을 비난하기는커녕 자신만의 언어를 다듬고 있었다. 자신이 받은 격려를 모아 주변에 돌려주고 있었다. 몇 번이고 영상을 돌려 보던 나는 앞으로 S가 만들어갈 언어가 무척이나 기다려졌다.

 S가 말해줬던 '이방인'에 관한 이야기가 머릿속에 계속 맴돌았다. 영국에 입국할 때 거쳐야 하는 너무 긴 절차, 타국에서 환영받지 못하는 느낌, 이방인을 향한 자잘한 배제, 아시아인을 향한 백인 남자의 태도, 주눅 든 아시아계 학생, S의 능력을 제한하는 언어적 한계. 적응해야 한다는 S의 필사적인 마음. 방학을 맞아 한국에 돌아온 S는 간편한 입국 절차에서 몸소 느꼈다고 했다. '내 나라에 돌아왔구나.'

 S의 이야기를 듣다 보면 오드리 로드의 『시스터 아웃사이더』가 떠오른다. 1992년, 암 투병으로 세상을 떠나기 전 마지막으로 받은 아프리카 이름이 감바 아디사(Gamba

Adisa, '전사, 자신의 의미를 분명히 보여준 여자'라는 의미)였던 로드의 산문과 연설문을 엮은 책. 나는 아프리카계 미국인 흑인 여성으로 태어난 로드가 자신의 언어를 찾아가는 과정이 S의 이야기와 겹쳐 보인다고 생각했다. S가 늘 미세한 차별과 배제를 느끼는 이방인으로 살아가면서 자신만의 언어를 다듬어내는 모습이, 자신을 비난하지 않는 모습이, 그 사랑으로 주변을 살피는 모습이 로드와 닮아 있었다. 그건 아마 이방인이 이방인으로서 살아갈 수 있는 방법 중 하나인지도 몰랐다. 흑인 레즈비언이자 페미니스트, 시인, 두 아이의 엄마인, 그야말로 경계 바깥에 선 로드가 이미 잘 알고 있었던 것처럼.

사람들이 자기 스스로에게 불리한 증언을 하게 되는 건, 경찰이나 억압적인 기술을 동원해서가 아니에요. 억압을 내면화하게 만들어, 사람들이 외부의 승인을 받지 못한, 자기 안의 모든 것을 불신하게 만들고 자기 안의 가장 창조적인 것부터 부정하도록 가르치는 것이지요. (중략) 우리는 권력과 똑같은 방식을 써서는 낡은 권력과 싸울 수 없어요. 우리가 이 투쟁에서 성공할 수 있는 유일한 방법은, 저항하는 것, 그러면서 우리 존재의 모든 부분을 건드릴 수 있는 또 다른 삶의 방식을 만들어내는 것뿐이에요.*

 자신의 감정을 소중히 여기는 것. 백인 여성과 유색인 여성, 부유한 여성과 가난한 여성, 이성애자 여성과 레즈비언 여성, 그밖의 수많은 차이를 사소한 문제로 치부하지 않는 것. 서로의 차이에 다리를 놓기 위한 투쟁을 하는 것. 서로를 혐오하도록 하는 권력에 속지 않는 것. 인종차별주의와 성차별주의에 분노하는 것. 나는 이 모든 태도를 로드에게서 배운다.
 로드가 말하는 태도를 갖지 않고도 약간의 죄책감과 더불어 살아갈 수 있을 것이다. 죄책감을 갖는 것만으로도 내가 최선을 다한다고 여길 수도 있을 것이다. 로드는 말한다. 죄책감은 분노에 대한 반응이 아니라고. 단지 스스로 하거나 하지 않은 행동에 대한 반응이라고. 종종 무력감, 무지와 현상 유지를 두둔하는 장치, 변화를 막는 보호책의 옷을 입는 죄책감을 경계하자고. 죄책감이 변화로 이어진다면, 그건 더 이상 죄책감이 아니라 앎의 시작점이 될 거라고.
 로드의 언어가 꾹 닫은 내 입을 연다.

---

* 오드리 로드, 『시스터 아웃사이더』, 주해연·박미선 옮김, 후마니타스, 2018, 161쪽.

피곤에 지쳐 녹초가 된 상황에서도 할 일을 하고 말하는 법을 배웠던 것과 마찬가지로, 우리는 두려움이 엄습해 오더라도 각자가 할 일을 하고 할 말을 하는 법을 배워야 합니다. (중략)

우리가 여기 모여 있다는 것, 그리고 제가 이런 말을 하고 있다는 것 자체가 바로 그 침묵을 깨고 우리의 차이 사이에 다리를 놓으려는 시도라 할 수 있습니다. 우리의 손발을 묶고 있는 것은 차이가 아니라 침묵입니다. 그리고 깨져야 할 침묵은 너무나 많습니다.*

'침묵을 언어와 행동으로 바꾸는' 첫 번째 행위가 침묵을 깨는 것이라면, 그다음 순서는 나와 교차점에 선 누군가에게 말을 거는 것일까. 교차점에서 만난 사람의 세계가 궁금해서, 나는 늘 당신의 집을 유심히 관찰한 걸까. 나는 S가 만든 영상을 보면서 내 집과 너무나 다른 S네 집을 생각한다. 종종 초라해지는 내 집을 보면서 S를 생각한다. 내가 온종일 직장에서 치이고 녹초가 된 상태로 집에 돌아와 로드의 글을 읽을 때, S는 뭘 만들고 있었을까. 내가 일과 관계에서 연이어 실패를 맛볼 때, S는 어떤 프로젝트 과제를 발표

---

* 오드리 로드, 앞의 책, 53쪽.

하고 있었을까. 내가 나 하나 사랑하기 바쁠 때, S는 어떤 사람과 눈을 맞추고 이야기 나눴을까.

세상 모든 사람이 동일하게 생각하고 말하지 않는 한, 나는 관찰자로 살아가려고 할 것이다. 관찰자의 태도를 통해 나는 세상에 호기심 가지고, 모든 사람은 인종이나 성, 나이, 종교, 섹슈얼리티, 계급에 따라 다르다는 사실을 깨닫고, 깨달은 사실을 내 식대로 소화하기 위해 언어를 다듬을 것이다. 관찰은 아주 일상적으로 이뤄져야 한다. "혁명은 일회성 이벤트가 아니"니까. 혁명이란 "구태의연한 대응 방식에 진정한 변화를 일으킬 수 있는 아주 작은 기회조차 놓치지 않기 위해 언제나 경계를 늦추지 않는 노력"*이니까.

침묵을 요구받는 이방인의 집에서 감미로운 음악소리가 새어나온다.

---

* 오드리 로드, 앞의 책, 248쪽.

······· 15 ·······

자기만의 방 바깥으로 떠난 여행

『자기만의 방』
버지니아 울프 지음, 이미애 옮김, 민음사, 2006.

휴대폰 잠금을 풀고 내 통장 잔고를 확인합니다. 퇴직금으로 받은 돈 500만 원이 찍혀 있습니다. 이 돈은 내가 갓 스무 살이 된 해부터 연고 없는 지역에 정착해 일한 기간을 뜻합니다. 나는 지난 2년 반을 복기하며 돈의 액수를 다시 확인합니다. 집 계약이 끝나면 나는 또 이사를 가야 하고, 지금 사는 아파트만큼 넉넉한 평수의 집을 구하지 못한다면 내가 가진 물건들을 버려야 할지도 모르지만, 돈은 온전히 내 소유입니다. 춥고 덥고 배고픈 날을 견디며 모은 돈으로 나는 더 쾌적한 집을 구하거나, 먼 곳으로 여행을 떠날 수 있을 겁니다. 하지만 쾌적한 집을 얻기에 이 돈은 턱없이 부족하다는 걸 누구나 알지요. 긴 여행을 떠나는 일은 미래를 걱정하는 우리의 고달픈 현재가 허락하지 않을 것임을 모두가 알지요.

 나는 일하는 대신 대학에 갈 수도 있었을 것입니다. 무엇을 해야 할지 막막한 마음을 숨기고 애매한 태도로 대학 캠퍼스를 거닐 수도 있었을 것입니다. 그럼 나는 회사 사무실에 앉아 너무 자주 내 가능성을 의심하며 시간을 낭비하지 않아도 되었겠지요. 내가 퇴근길 차 안에서 음악을 크게 틀어놓고 눈물 쏟으며 소리 지르거나 핸들을 쾅쾅 내리치는 일도 없었겠지요. 어쨌든 저는 다달이 일해 번 돈으로 자기만의 방을 얻었고, 1870년 이전 영국 여성들과는 달리 약간의 재산을 소유할 수 있습니다.* 나에게는 이것이 캠퍼스를 거니는 것보다 근사하게 느껴졌습니다. 너무 많은 걸 견디기 전에는요. 나는 핸드폰 화면을 끄고 안락의자에 앉아 돈이 필요한 일들을 계산하다 그만둡니다. 더 이상 견디지 않기로 결심하고 퇴직금을 받았지요. 이 돈은 이번 달부터 들어오지 않는 내 월급을 대신하기에도 충분히 모자랄 것입니다.

나는 자기만의 방에 앉아 끊임없이 눈동자를 굴리지만, 항상 유의미한 생각을 하는 것은 아닙니다. 대부분의 시간을 세상에 펼쳐진 콘텐츠와 상품을 구경하고, 지나치고, 맛보는 데 보내지요. 아마 버지니아 울프가 말한 자기만의 방이란 이런 게 아니었을 거예요. 버지니아 울프는 여성이 자기 자신으로 살고자 글을 쓴다고 할 때 연간 500파운드가 필요한데 그 돈은 심사숙고할 수 있는 능력을 상징하며, 자기 방 문에 달린 자물쇠는 스스로 사고할 수 있는 능력을 의미한다고 했으니까요. 나의 '자기만의 방'에는 자물쇠가 없지만, 나는 종종 내 방에 홀로 갇혔다는 느낌을 갖습니다. 자물쇠 없는 방에 나를 가둔 건 아마도 21세기만의 무한한 가능성입니다. 무엇이든 할 수 있음. 따라서 최선이란 없음.

---

* 영국 여성의 재산 소유를 허용하는 법이 통과된 해가 1870년이다.

잘못은 늘 나에게 있습니다. 부지런히 공부하지 않은 잘못, 다양한 시도를 해보지 않은 잘못, 진작 해외여행을 다니지 않은 잘못, 자격증을 따놓지 않은 잘못, 무엇이든 할 수 있지만 아무것도 하지 않은 잘못…

한편 우리는 여전히 견고한 불평등 구조를 알지요. 같은 일을 해도 남자보다 적은 여자의 임금, 결혼과 함께 발이 묶이는 여자의 일생, 여자가 아이를 기르다가 다시 일하고자 할 때 주어지는 비정규직 노동자라는 이름을요. 여자가 겁 없이 집 밖에 나섰을 때는 또 얼마나 많은 혐오와 폭력이 지뢰처럼 우리를 기다리나요. 가정에서 맞아 죽지 않는 법, 이별을 이유로 남자친구에게 살해당하지 않는 법, 공중화장실 변기에 앉아 도촬당하지 않는 법을 우리는 알지 못합니다. 반면 이유 없이 때리는 남자, 이별을 이유로 살해하는 남자, 화장실 칸막이에 몰래카메라를 설치하는 남자는 법 앞에서 아직도 쉽게 풀려납니다. 이런 세상에서 집밖에 나설 때 여자가 받는 교육은 '안전한 길로 다니라'는 것이지요. 안전, 우리가 가는 길마다 위험이 산재해 있는데, 세상은 우리에게 지뢰를 제거하는 대신 심혈을 기울여 피해 다니라고 말합니다.

안전한 내 방 침대에 누워 뉴스 스크롤을 내리던 나는 문득 깨달았습니다. 이런 세상에서, 내가 어디론가 떠나고 싶어 한다는 사실을요!

떠나기 전, 내가 여자라는 사실은 다른 무엇보다 중요해 보였습니다. 사람들은 아가씨라는 호칭으로, 결혼 계획과 임신 계획을 묻는 무례함으로, 인구감소로 인한 지방소멸의 책임을 가임기 여성에게 지우는 식으로, 성별을 확인하려는 질문으로 여자와 남자, 레즈비언과 게이, 트렌스젠더를 곤란하게 하니까요. 떠나는 마당에 내가 여자라는 사실은 중요하지 않습니다. 그곳에는 전부 모르는 사람뿐일 테니 나는 내 마음대로 말하고 행동할 계획입니다. 나는 훌렁 옷을 벗어던지고 바다로 뛰어들겠지요. 어릴 때 놀던 것처럼 발길 가는 대로 걷다 잠시 길을 잃겠지요. 여행지에서 만난 이가 건네는 흥미로운 제안에 망설임 없이 다른 여행자를 따라 나설 수도 있겠지요. 나는 아무 곳으로나 떠날 셈이니까요.

가고 싶은 곳을 일간신문에서 스크랩해두었습니다. 억새가 아름다운 11월 제주도 동쪽 따라비오름과 큰사슴이오름을 한 바퀴 도는 4시간 반 코스입니다. 오름 주차장에 스쿠터를 세우고 따라비오름에 오르자 오름을 뒤덮은 억새가 바람에 등 떠밀려 춤을 춥니다. 서늘한 초겨울 제주 바람이 내 이마와 등에 맺힌 땀방울을 식혀줍니다. 지나는 사람 없는 오름에서 나는 마음대로 생각하고 노래 부르며 걷거나 쉬어갈 수 있습니다. 나는 자유로운 몸과 마음으로 생각합

니다. '오늘은 지쳐 쓰러질 만큼 오래 걸어야지.'

나는 탁 트인 따라비오름을 내려와 큰사슴이오름으로 향하는 삼나무숲길에 들어섭니다. 비교적 덜 알려진 관광지인 탓인지 사람이 거의 보이지 않습니다. 더군다나 나무가 빽빽이 자리한 숲길은 아름답기 이전에 어둑어둑할 지경입니다. 나는 깊은 곳에서 스멀스멀 올라오는 두려움을 애써 모른 척하고 가던 길을 갑니다. 한 번씩 내가 내려온 오름을 돌아보기도 합니다. 사실 여자에게는 허락되지 않은 길이 있지요. 강간당하지 않으려면, 살해당하거나 납치당하지 않으려면 가지 않아야 할 길이 있지요. 그 길이 관광지라고 해도, 수많은 인파가 몰리는 길이라고 해도 우리는 사랑하는 친구나 딸이 혼자 그 길을 걷지 않기를 바라지요. 이미 그렇게 목숨을 잃은 여자들이 있으니까요. 그렇게 내가 누군가의 보호 아래 어렵게 당도한, 혹은 가보지 못한 인적 드문 아름다운 장소가 얼마나 많은지요.

나는 인적 드문 길에 잠시 멈춰 서서 담배를 피우던 중등산복을 입은 무리를 만납니다. 그들은 내게 자신을 제주도 이주민이자 산악 커뮤니티 회원이라고 소개합니다. 그들이 말하길, 무리 중 하얀 수염을 길게 기른 노년 남성은 사람들에게 '좀머 씨'로 통한답니다. 비가 와도, 눈이 와도 매일 걷는 남자가 등장하는 『좀머 씨 이야기』에서 따온 호칭이라네요. 내게 이런저런 것을 묻던 좀머 씨는 곧 여행이 끝나서 아쉽겠다고, 자신만큼 나이 들었을 때 제주도에 또 오라고 말을 건넵니다. 나는 알겠다고, 무사히 나이 들어 보겠다고 답하며 생각합니다. '좀머 씨는 어떻게 살해당하거나 강간당하지 않았을까?'

이 아름다운 여행지에서 나는 많은 소문을 듣습니다. 여행지에서 만난 친구와 올레길 1코스에서 죽은 여자 이야기를 하다 보면 파티 게스트하우스에서 벌어지는 성추행에 관한 이야기를 하지 않을 수 없는 것입니다. 이런 소문은 하필 가장 두려운 순간 한꺼번에 떠오르고는 하지요. 큰사슴이오름에서 행기머체를 지나 따라비오름 주차장으로 가는 길, 나는 나무가 우거져 눈을 뗄 수 없이 신비로운 길을 걷다 두려움에 휩싸입니다. 햇살이 나뭇가지를 헤집고 길을 비춰도 나는 긴장의 끈을 놓지 못합니다. 이 길에서 유일하게 만난 사람인 중년 여성 두 명은 걱정스러운 눈으로 내 안부를 물으며 덧붙여 말했지요. 이 길은 여자 혼자 다니면 안 돼요.

하필 나는 여행 내내 '제주도 여행안내서' 대신 리베카 솔닛의 책 『길 잃기 안내서』를 읽고 있었습니다. 나는 책을 읽으며 아메리카 원주민에게 붙잡힐 때마다 재빠르고 탁월하게 변신해 살아남은 포로들 이야기에 연신 감탄사를 내뱉었지요. 길을 잃고 방황하지 않으면 지도 바깥의 세상을 만날 수 없다는 리베카 솔닛의 글에 고개를 끄덕였지요. 아, 리베카 솔닛에게 물으면 대답해줄까요. 길을 잃는 것은 목숨을 걸어야 하는 일이냐고. 여자라는 사실이 조금도 중요하지 않은 장소는 세상 어디에 있느냐고.

나는 무사히 자기만의 방으로 돌아옵니다. 버지니아 울프가 "지적 자유는 물질적인 것들에 달려 있다"* 고 썼던 1929년으로부터 100여 년이 흘렀습니다. "각 성의 능력에 대한 이론을 체계화하는 것보다는 여성이 얼마나 돈을 벌고 있고 방을 몇 개나 가지고 있는지 아는 것이 지금으로서는 훨씬 더 중요하다"던 울프는 돌연 여성들을 다그칩니다. 울프는 "1866년 이래 영국에 여성을 위한 대학이 적어도 두 곳 존재해왔으며, 1880년 이후에는 기혼 여성이 자신의 재산을 소유하도록 법적으로 허용되었고, 1919년에 여성은 투표권을 얻게 되었다"는 점을 상기시키며 "여러분이 이 막대한 특권들과 그것들을 누릴 수 있었던 기간을 곰곰이 생각해보고, 이 순간에도 이러저러한 방법으로 연간 500파운드 이상을 벌 수 있는 여성이 약 이만여 명 있다는 사실을 숙고해본다면, 기회가 부족하고 훈련이나 격려를 받지 못했으며 여유와 돈이 없다는 변명은 더 이상 유효하지 않다는

---

*   버지니아 울프, 『자기만의 방』, 이미애 옮김, 민음사, 2006, 163쪽.

사실에 동의할"* 것이라고 말합니다. 즉, "수치스러울 정도로 무지한" 젊은 여성들이 경력을 쌓아 어떠한 영향력을 갖고 행동해야만 한다고 말이지요. 그것은 재능을 타고 났음에도 글 한 줄 써보지 못하고 죽은, 셀 수 없이 많은 '셰익스피어의 누이'가 다시 태어났을 때 "그녀가 살아갈 수 있고 자신의 시를 쓸 수 있다고 느끼게끔"** 하기 위함입니다.

내가 버지니아 울프의 『자기만의 방』을 읽고 내 노동이 아닌 여행을 떠올린 것은 이제 자기만의 방 바깥의 이야기가 쓰여야 한다고 생각하기 때문입니다. 울프가 20세기에 필요한 이야기를 했다면, 나는 21세기에 필요한 이야기를 하는 것입니다. 긴 방황을 위한 넉넉한 돈, '자기만의 방'을 떠난 여행에서만큼은 주어진 젠더를 인식하지 않을 수 있는 자유가 필요하다는 이야기 말입니다. 여전히 녹록치 않은 현실 앞에서 '그건 너무 이른 이야기'라고 타이른다면, 나는 울프의 말을 다시 빌려올 수밖에 없을 겁니다. "나의 제안이 약간 환상적이라는 것을 스스로 인정합니다. 그러므로 픽션의 형식으로 그것을 표현하는 것이 더욱 좋겠지요."*** 적어도 100년 안에 도래할 세상을 그리는 픽션 말입니다.

---

* 버지니아 울프, 앞의 책, 178쪽.
** 버지니아 울프, 앞의 책, 172쪽.
*** 버지니아 울프, 앞의 책, 170쪽.

.... 16 ....

혁명의 그늘진 곳을 비추다

『페미니즘 위대한 역사』

조앤 스콧 지음, 공임순·이화진·최영석 옮김, 앨피, 2017.

2016년 10월, 나는 광화문 광장에 있었다. 박근혜-최순실 국정농단에 분노한 사람들이 모여 탄핵을 요구하는 집회였다. 친구들과 함께 복잡한 지하철역을 빠져나와 발 디딜 틈 없는 거리에 섰다. 우리는 원내정당, 원외정당, 시민단체, 농민단체, 종교단체 등 각종 깃발을 펄럭이는 대열 사이에 끼여 앉았다. 중앙 무대에서 발언하는 소리가 메아리쳤다. 스크린은 앞 사람에 가려 잘 보이지 않았다. 마침내 행진을 시작했을 때, 사람들은 한 목소리로 대통령 퇴진을 힘차게 외쳤다. 나는 주먹을 들고 목소리를 높이는 행위가 낯설었지만 혼자 멀뚱히 있는 건 그것대로 민망한 상황이라 옆 사람을 따라 작게 구호를 외쳤다. 또 벅찬 표정을 지으려 노력했다. '100만 명 넘는 시민이 모여 사건의 진상을 밝히라 요구하며 대통령 하야를 외치는' 민주주의 현장의 벅찬 감동을 느끼는 표정 말이다. 당시 나는 한 해만 지나면 유권자가 되는 만 18세였으니까, 정치에 무관심하지 않은 대한민국 예비 유권자라면 당연히 느껴야 할 감동이었다. 불합리한 사회가 바뀌기를 바란다면 느끼지 않을 수 없는 감동이었다. 나는 추위에 떨며 이런저런 감동을 느끼려 노력하다 집으로 돌아갔다. 2년 뒤 첫 선거를 치르고 나서야 나는 2016년 겨울의 무감응에 대해 다시 질문할 수 있었다. '내가 그 자리에서 요구한 건 박근혜 퇴진, 그리고 무엇이었을까?'

2018년 6월, 나는 첫 투표를 했다. 서울에서 녹색당 페미니스트 시장 후보가 나오고, 제주도에서 녹색당 여성 도지사 후보와 퀴어 비례후보가 출마한 지방선거였다. 내게는 2016년과 달리 여성, 퀴어, 제주도 난개발과 같이 말하고 싶고 바꾸고 싶은 확실한 의제가 있었다. 하지만 나는 서울이나 제주도에 살지 않으니 우리 지역 군수와 군의원 후보에게 투표해야 했는데, 후보들의 공약을 살펴볼수록 머리가 아파오는 것이었다. 지역 정치인들은 정당에 관계없이 엉뚱한 것을 호언장담했다. 지역을 개발하고, 관광화하고, 산업화하는 데 많은 예산을 투자하겠다는 따위의 공약들. 여기에 내가 찍고 싶은 후보는 없었다. 이제 막 얻은 투표권이 어쩐지 멀게 느껴졌다.

나는 첫 투표를 마치고, 오늘의 이슈와 함께 올라오는 투표 인증 사진을 보며 내 아리송한 권리에 대해 생각했다. 민주주의라는 게임에서 비로소 깍두기가 아닌 플레이어가 되었는데, 어디에도 내가 원하는 의제는 없다는 느낌. 형식적 평등 너머의 '평등'에 포함되지 않는, 여전히 타자로 머무르는 존재가 된 기분. 더 곰곰이 생각해보니 여전히 투표권을 부여받지 못한 청소년이 있었고, 한 세기 전까지만 해도 투표할 수 없었던 여자들이 있었다. 어쩌면 소수 집단을 규정하고 타자화하는 방식은 지금과 다르지 않을 테니까, 그에

맞선 집단의 저항과 딜레마에서 배울 것이 있지 않을까? 내 아리송한 권리의 실마리를 찾을 수 있지 않을까? 페미니즘 제1물결이라 불리는 여성 참정권 운동에서 조앤 스콧이 주목한 '페미니즘의 역설'처럼 말이다.

 1944년, 제2차 세계대전 중 프랑스 여성 참정권 법안이 상원 의원을 통과한다. 비록 '여성은 보수적'이라는 프랑스 보수파의 정치적 계산에 의해 얻은 참정권이었지만, 그 사실이 프랑스 여성 참정권을 위해 싸워온 여자들의 투쟁 자체가 무의미함을 뜻하지는 않았다. 조앤 스콧은 다섯 명의 프랑스 여성 참정권 운동가를 하나의 역사가 아닌 다양한 갈래의 투쟁으로 서술한다. "여성이라도 능동적인 상상력을 발휘한다면 남성 못지않은 주체가 될 수 있다고 주장한 올램프 드 구즈, 모성을 지닌 여성은 남성과 '한 쌍'으로 결합하여 법적 주체가 된다고 믿은 잔 드로앵, 여성을 특수화하는 대신에 공화주의적 대의에 호소했으나 가부장적 공화주의 앞에서 번번이 실패하여 사고뭉치 급진파 페미니스트로 낙인찍힌 위베르틴 오클레르, 성차를 논하는 자리에서 아예 벗어나 여성이 제대로 된 '개인'으로 자리매김하는 것이 여성해방의 길이라고 보았던 마들렌 펠티에, 그리고 원래 페미니스트라기보다는 지식인으로서 페미니스트를 자임하여 공화주의 이데올로기의 모순을 이용하고자 했던 루이제 바이스에 이르기까지"* 『페미니즘 위대한 역사』는 각자 다른 범주의 '여성'을 내세워 참정권을 얻기 위해 싸워온 역사의 입체적 기록이다.

당시 프랑스 여성들은 법적 테두리 안에 있는 시민이지만, 투표권을 행사할 수 있는 '개인'으로는 인정받지 못했다. 프랑스 혁명 이후 '인간의 보편적 권리'라는 담론의 등장과 함께 '개인'을 규정하는 개념에 따라 생겨난 '차이' 때문이었다. 인간의 보편적 권리를 행사하려면 개인이 성립되어야 하는데, 개인성과 남성성이 동일한 것으로 규정되고, 개인을 타자와 분리해 구별 짓기 위해 비개인을 만들어 내야 했을 때 '여성'이 구성된 것이다.

> 남성 입법자들은 여성을 입법의 대상인 동시에 시민의 권리를 갖는 주체로 규정하면서, 여성에게는 모순적인 결과를 가져올 법안들을 통과시켰다. 시민의 권리를 행사하는 행위자임을 승인받는 동시에, 정책에서 배제되는 객체이자 주체인 여성의 모호한 위상, 바로 여기서 페미니즘이 생겨났다.**

---

*   조앤 스콧, 『페미니즘 위대한 역사』, 공임순·이화진·최영석 옮김, 앨피, 2017, 23쪽.
** 조앤 스콧, 앞의 책, 80쪽.

스콧은 페미니즘 역사가 곧 '역설만을 던져온 여성들의 역사'라고 말한다. "근대 서구의 페미니즘이 역사적으로 개인성과 남성성을 동등하게 여겨온 민주주의 정치의 담론적 실천으로 구성된 것이기 때문"이다. 당시의 여성들은 딜레마에 처해 있었다. 여성과 남성이 동등하다고 말하려면 여성은 남성과 똑같아야 하는데, 평등이라는 요구를 인정받기 위해 여성들은 육체적 차이에서 비롯된 불평등한 대우에 항의해야만 했다. 평등에 대한 요구가 불가피하게도 차이를 언급하게 한 것이다.

이러한 역설 앞에서도 올랭프 드 구즈는 「인간과 시민의 권리선언」 17개 조항을 「여성과 시민의 권리선언」으로 바꿔 발표하며 "여성은 단두대에 오를 권리가 있다. 마찬가지로 여성은 연단에 오를 권리를 가져야 한다"고 주장한다. 그리고 올랭프 드 구즈는 정말 단두대에서 처형당하며 명확하지 않은 개인의 경계를 건드린, '능동적 상상력'에 대한 대가를 치른다. 이후에도 여성 참정권 운동가들은 남성들의 표만 들어 있는 투표함을 뒤엎는 방식으로, 법적으로 허락되지 않은 선거에 출마하는 방식으로, 결혼하는 여성들에게 달려가 남편에게 '복종'을 맹세하지 말라고 강권하는 방식으로 여성에 대한 차별에 저항한다. 그런데도 이들이 내세운 '여성'의 범주가 각자 얼마나 달랐는지 살피다 보면 같은 페미니즘운동에도 이토록 다 흐름들이 있다는 사실이 놀라울 따름이다.

어쩌면 근대 서구 페미니즘이 마주한 역설은 남성과 여성의 차이를 '자연적인 것'으로 바라본 결과였을지도 모른다. 여성과 남성이라는 고정된 성차가 있을 때는 생물학적 성인 섹스와 사회적 성인 젠더라는 범주를 구분해봤자 그 보편성을 담보할 수 있는 건 생물학적 성뿐이라는 스콧의 말처럼. 남성과 여성이라는 보편성에 묶이는 대신 성을 다양한 구성으로 본다면 사회는 얼마나 다양한 방식으로 해석될까? 단일한 주체가 이끌어낸 것처럼 보이는 혁명에는 얼마나 다양한 존재가 누락되어왔을까?

내 시선은 내가 또 한 번 거리에 나섰던 2019년 가을 보신각을 향한다. 화창한 가을, 보신각에서는 인류의 경각심 없는 탄소 배출과 난개발로 지구가 기후위기에 처했음을 알리는 '기후위기 비상행동' 집회가 열렸다. 약 5천 명의 참가자들은 종이상자로 직접 만든 피켓을 들고 외쳤다. 깨끗한 지구에서 살고 싶다고. 정부는 기후위기를 인정하고 비상사태를 선포하라고. 미래가 없는데 공부는 해서 뭐하느냐고. 인간 동물과 비인간 동물의 삶을 위해 탈육식으로 지구를 지키자고. 보신각으로 행진하던 참가자들은 '지구의 모든 생물이 위협받는다'는 다이-인(Die-in) 퍼포먼스로 손에

든 피켓을 내려놓고 도로 위에 누웠다. 잠깐의 시간 동안 집회에 참가한 모든 사람이 같은 행위를 취했다. 도로 위에 눕자 내 눈앞이 푸른 가을 하늘로 가득 채워졌다. 같은 구호를 외치는 것과는 다른, 신비한 동질감이 일었다. 제때 꽃망울이 터지고, 봄비가 내리고, 서리가 내리다가도, 매년 그렇듯 후덥지근한 날이 이어지고, 낙엽이 지고, 시원한 바람이 불고, 소복이 내리는 눈이 땅을 덮는, 그런 지구를 지키기 위해 모인 사람들이 같은 하늘을 바라보는 순간. 각자 다른 위치에서, 각자 다른 방식으로 지구를 지키는 사람들이 목소리를 모아낸 순간. 한 자리에서 이토록 다양한 메시지를 접하는 것도, 이렇게 공적인 공간에서 내 존재가 지워지지 않는 기분이 드는 것도 내게는 전부 처음 있는 일이었다.

이 순간을 잊지 말자고 다짐하면서 나는 다시 내게 물었다. 다수의 의제가 아니라 내가 필요하다고 생각하는 변화는 무엇인가. 요구를 의제로 만들고 실현하기 위해 갖춰야 하는 조건은 무엇인가. 내 구호 아래 누락되고 소외되는 것은 무엇인가. 이 질문들이 내가 형식적으로 주어진 투표권을 넘어 내 권리를 쟁취하기 위한 일종의 가이드가 되어주는 셈이다.

투쟁 과정의 유무에 따라 권리를 받아들이는 데 차이가 있다고, 프랑스 여성 참정권 운동가가 말한다. 프랑스 여성

투표권 법안이 통과됐을 때, 루이젠 바이스는 "내가 이끌었던 거센 투쟁 없이, 프랑스 여성들이 이 순간 정치적 권리를 얻었겠는가?"라고 질문한 뒤 시대적 요인이 있었음을 순순히 인정한다. "모든 민주주의 국가들이 오래전에 여성 시민권을 인정한 이 세계 속에서 프랑스는 여성에게 투표권을 주지 않고는 더 이상 민주주의라고 주장할 수 없게 되었다는 것이다."* 그러나 루이젠 바이스는 투표권이 자비로운 왕자님의 선물이 아닌 어떤 '열망'에 대한 반응이라며 덧붙인다. "만일 페미니스트들의 투쟁이 없었다면 여성들은 그저 자기 권리의 소극적 수혜자가 됐을 것"이라고.

페미니스트들의 투쟁은 마치 등대 같다. 별다른 노력 없이 주어진 권리를 껴안고 '그 권리가 네 전부'라고 말하는 파도에 휩쓸리며 살아가는 사람들을 비추는 불빛. 그들에게 '네 권리는 네 손에 달렸다'며 그들 자신이 원하는 곳을 향해 나아가도록 등을 토닥이는 따스한 빛.

그러나 어떤 신체와 성별과 계급을 타고나느냐에 따라 각자에게 주어진 권리는 얼마나 다르던가. 같은 곳을 향하

---

* 조앤 스콧, 앞의 책, 329~330쪽. 여성 참정권을 가장 먼저 획득한 나라는 뉴질랜드로, 1893년 여성들이 투표권을 얻게 되었다. 이후 오스트레일리아(1902년), 핀란드(1906년), 독일·오스트리아·폴란드·체코·슬로바키아(1919년), 영국(1918년, 1928년) 등이 뒤를 이었으며 프랑스는 제2차 세계대전 중인 1944년에 이르러서야 여성에게 참정권을 부여했다.

더라도 우리는 얼마나 다른 사람이던가. 그러니 우리가 각자의 길을 가던 중 잠시 같은 목표를 갖는다면, 열망으로 가득 찬 서로에게 반갑게 인사하자. 그리고 네가 선 자리에서는 무엇이 보이느냐고, 호기심 어린 눈빛으로 물어보자. 그 질문은 '여성 참정전 운동'과 같은 단일한 주체의 목적이 아닌, 우리 각자의 과정을 듣기 위함이다.

17

자급의 삶을
살고 싶다고요

『자급의 삶은 가능한가』

마리아 미즈, 베로니카 벤홀트-톰젠 지음,
꿈지모(꿈꾸는 지렁이들의 모임) 옮김, 동연, 2013.

내게 '자급 관점'은 늘 아름다운 이야기로 다가왔다. 『자급의 삶은 가능한가』 저자들이 소개하는 어머니와 암퇘지 이야기처럼 말이다.

때는 1945년 2, 3월쯤. 제2차 세계대전이 끝나가던 때다. 독일이 전쟁에서 패하기 시작하자 독일 사람들의 얼굴에 짙은 그늘이 드리운다. 농부들은 자신의 암소와 돼지를 도살하고, 더 이상 경작도 씨뿌리기도 하지 않는다.

사람들이 희망 없이 종전을 기다릴 때, 농부인 '어머니'는 가지고 있는 암퇘지를 이웃 마을 수퇘지에게 데려간다. 그 모습을 본 이웃들은 어머니가 모든 게 끝나가는 상황을 보지 못한다고 비웃으며 돼지를 도살하라고 말한다. "그러나 어머니는 '삶은 지속된다'고 답했다. 그 말은 아마도 '삶은 지속되어야 한다!'는 의미였을 것이다."*

전쟁이 끝난 5월 말, 암퇘지는 열두 마리의 새끼를 낳는다. 어머니를 비웃던 마을사람들에게는 새끼돼지, 망아지가 한 마리도 없다. 어머니는 더 이상 교환 가치가 없어진 돈 대신 새끼돼지를 차례차례 전쟁에서 돌아온 다섯 아들을 위한 신발, 바지, 셔츠, 재킷으로 바꾼다. 그렇게 삶은 계속되었지만, 삶은 결코 저절로 이어지지 않았다. 이 삶은 전쟁

* 마리아 미즈·베로니카 벤홀트-톰젠, 『자급의 삶은 가능한가』, 꿈지모(꿈꾸는 지렁이들의 모임) 옮김, 동연, 2013, 36쪽.

상황을 손 놓고 앉아 관망하는 대신 매일 저녁 우유스프를 끓이고, 감자를 삶고, 새끼돼지를 키운 어머니가 이뤄낸 것이다. "그녀는 삶을 지속하기 위해서는 행동해야 하고, 항상 자연과 협력해야 한다는 사실을 알고 있었다. 그게 바로 어머니가 항상 말하던 '삶은 지속되어야 한다'는 의미였다."*

저자들은 어머니와 암퇘지 이야기를 꺼내며 말한다. 현대 산업사회의 지속적 성장 추구로 인한 자연 파괴와 자본주의 사회의 구조가 제3세계 국가와 여성을 억압한다고. 그러나 이 억압의 구조를 드러낸 '자급 관점'이 환영받기만 한 건 아니었다. 자급 관점이 받은 비판의 일부는 아래와 같다.

- 자급 접근은 모성과 양육을 미화하면서 전통적인 여성의 역할을 강화한다.
- 자급 접근은 유기농 식품을 살 능력이 있는 부유한 중산층 여성에게는 유용할지 모른다. 하지만 가난한 여성이나 복지서비스를 지원받는 여성이나 학생에게는 어떠한가?
- 우리 모두가 농사를 짓기 위해 농장으로 돌아가기를 원하는 것은 아니다. (중략)

* 마리아 미즈·베로니카 벤홀트-톰젠, 앞의 책, 37쪽.

- 이 접근은 석기시대나 중세시대로의 회귀를 의미한다. 그러나 역사는 과거로 돌아가지 않는다. (중략)
- 그런 것은 개인이나 소그룹에는 꽤 흥미로울 수 있지만, 자본가 전체를 괴롭히지는 못한다. 그것은 체제 전반의 변화를 이끌어내지 않는다. 예를 들어, 당신이 말하는 소비의 제한은 개인의 행동 변화를 요구하는 것일 뿐 지금까지 큰 사회적 반향을 불러일으키지는 못했다.
- 결론적으로, 이것은 정치적이지 않다. 자급이 우선 정치화되어야 한다. 수천 개의 살림 공동체나 생태 마을이라는 조각보의 천 조각들로는 충분치 않다. 모든 사람들은 일상생활을 유지하는 데 완전히 빠져 있다.*

'자급 관점'은 때때로 사람들에게 '자연적인 것'을 당연시하는 본질주의적 이야기로 여겨진다. 자급자족을 꿈꾸며 도시에서의 삶을 정리하고 귀농·귀촌한 부부처럼 말이다. 내가 만난 귀농·귀촌 부부는 대체로 비슷한 레퍼토리를 가지고 있었는데, 도시에서 정년까지 일하며 늘 자연으로 혹은 가마솥에 불 때고 알밤 주우러 다니던 유년시절로 돌아

---

* 마리아 미즈·베로니카 벤홀트-톰젠, 앞의 책, 45~46쪽.

가기를 갈망하는 남편과 아이를 출산한 동시에 하던 일을 접고 가정주부로 몇십 년을 살아온, 인적 네트워크를 형성한 도시에 계속 살고 싶어 하는 아내 이야기가 그것이다. 결국 아내는 남편에게 못 이기는 척 이주에 동의하고, 부부는 아는 사람 하나 없는, 우연히 들른 작은 농촌 마을이나 도시에서 멀지 않은 근교 혹은 남편의 고향에 자리한 작은 집을 계약한다.

남편은 아침에 눈 뜨면 밭에 가서 흙을 만지는 꿈꾸던 생활로 행복해하는 반면, 하고 싶은 일도 만날 사람도 없는 아내는 집 안에 고립된다. 몇 개월이 지나 아내가 이곳 생활에 적응할 즈음 부부는 새로운 결심을 한다. 몸이 갈리도록 일해 쌓고 또 쌓는 자본주의적 생활에서 벗어나 자급자족하는 생태적 삶을 살아보기로 한 것이다. 자연을 해치지 않고 더불어 살아가는 삶을 지향하며 밭에는 농약이나 제초제를 치지 않는 삶, 식탁에 올라오는 거의 모든 음식을 직접 길러 먹는 삶, 된장이 필요하면 콩을 심고, 7~8시간 동안 가마솥에 메주를 쑤어, 곰팡이가 쓸지 않도록 잘 말리고, 된장으로 담구는 삶, 화학조미료가 들어가지 않은 음식을 먹기 위해 완제품 대신 긴 정성을 들여 만두를 빚고, 빵을 굽고, 요거트를 발효하는 삶을 살아보기로 한 것이다.

아마 부부는 종종 힘들다고 서로에게 말할 것이다. 현실과 괴리가 생길 때는 타협하며 생태적 삶을 조정해나가기도 할 것이다. 어쨌든 부부는 산업 자본주의에 역행하는 생태적 삶을 산다. 삶에 필요한 것을 스스로 마련하며 자주적 삶을 산다. 이 삶은 공장 매연으로 찌든 지구에 작은 보탬이 될 것이다. 이웃에게 이런 삶이 있다고 보여줄 수도 있을 것이다. 그렇게 삶은 계속된다.

그러나 삶을 지속하는 이야기의 주체는 어쩐지 늘 생물학적 여성이라는 범주에 머무르는 것 같다. 이 아름답고 고된 자급의 풍경 속에서 더 자주 엉덩이를 떼는 건, 끓는 솥을 신경 쓰는 건, 마침내 완성된 생산물에 더 많은 책임을 지는 건 아직까지, 아무래도, 당연히 여성이다. 아이를 출산할 수 있는 여성에게는 강한 모성이 있고, 생명을 보살피고 기르는 창조적 힘을 가졌으며, 살림과 양육은 자연스럽게 여성의 몫이 되어야 한다고 믿기 때문이다. 자급 관점에서 그건 바뀌지 않는 본질이다. 긍정해야 하는 힘이다. 나는 "페미니즘은 '여성 문제'로 출발한 운동으로 간주되"지만, "그 문제를 해결하기 위해서는 '전체'를 개혁해야만 한다"*는 저자들의 주장에 동의하기가 망설여진다. 나는 자급이 내 삶의 주를 이루기를 바라는 마음, 여성이라는 범주로 나

---

*   마리아 미즈·베로니카 벤홀트-톰젠, 앞의 책, 343쪽.

를 옭아맬 것 같은 자급에게서 도망치고 싶은 마음, 그사이에서 아슬아슬한 줄타기를 한다.

가부장제 자본주의 사회를 개혁하는 주체로 여성을 내세우는 데는 이유가 있다. 근대 산업체제가 들어서면서 남성은 가족을 위한 생계부양자가 되고, 그는 가족을 먹여 살릴 임금을 벌기 위해 노동력을 팔아야 했다. 이때 여성은 남편의 노동력을 지키고 미래 세대 임금 노동자를 재생산하는 무보수 노동자, 가정주부로 정의됐다. 남성과 여성 사이의 노동 분업은 '자본 축적 과정을 위한 구조적 필요의 산물'이었던 것이다.

가사노동뿐만 아니라 가난한 지역 여성들이 종사하는 가내노동 역시 '주부'라는 이름으로 정당화된다. 이는 여성이 임금 노동 시장에 진입하거나 가족을 부양할 때도 마찬가지다. 저자들은 이를 '가정주부화'라고 부른다.

> 농부와 여성은 인간 존재의 직접적이고 일상적인 필요에 종사한다는 바로 그 이유 때문에, 필요의 영역을 극복해야만 자유를 향한 문이 열린다고 믿는 세계에서 가치 있는 존재로 간주되지 않는 것이다.*

---

* 마리아 미즈·베로니카 벤홀트-톰젠, 앞의 책, 181쪽.

가치 절하되는 건 여성의 노동이기 전에 자급노동 그 자체다. 오늘은 어제와 다른 반찬으로 끼니를 차려 먹고, 음식을 담았던 그릇과 수저를 깨끗이 씻고, 싱크대에 물때가 끼지 않도록 물기를 없애고, 구겨진 옷을 다리고, 물건을 올려놓기 위한 선반을 만들고, 구멍 난 옷을 꿰매고, 키우는 농작물에 물을 주고, 수확하고, 다시 새로운 끼니를 먹거나 편지를 쓸 수 있도록 밥상을 닦고 또 닦는 것… 한마디로 돈으로 환산되지 않는 일이다.

나는 자본주의 사회에서 전혀 어울리지 않게도 이런 자급노동을 좋아했는데, 일상적인 살림살이 말고도 빈 고양이 사료캔을 틀로 활용해 향초를 만들거나, 나무를 주문해 책상을 만들거나, 겨울이면 청귤청을 담그는 식이었다. 자급노동에는 생각보다 복잡한 지혜와 기술이 필요하다. 나무를 재단할 때는 오차 범위를 고려해 잘라야 한다는 것, 국을 끓일 때 다시마를 오래 우리면 잡내가 난다는 것, 흰 컵에 진 얼룩은 치약으로 닦으면 사라진다는 것을 나는 해보기 전에는 알지 못했다.

수많은 요리법과 생활 정보가 도처에 널려 있다지만, 그 정보가 전부 내 것이 되는 것은 아니다. 쉽게 사고 버릴 수 있는 시대라지만, 삶까지 저렴해지기를 바라는 사람은 없다. 내가 시간을 들여 자급노동을 해온 건 돈을 아끼기 위해

서이기도 하고, 쓸 만한 재활용품은 활용해보려는 노력이기도 하지만, 무엇보다 희소하기 때문이다. 내가 생산한 물건에는 누구도 모방하지 못하는 원리와 취향과 어설픔이 있었다. 생산과 실패를 반복하는 나는 내일 더 나은 것을 만들어 낼 것이었다. 그리고 종종 '진정한 만족'을 맛볼 것이었다.

> 진정한 만족은 항상 자주적 행동이라는 요소를 요구한다. 사람들이 점점 단순한 소비자로 되어가는 사회에서는 생산에 대한 만족 없이, 또는 어떤 의미 있는 일을 하는 것에 대한 만족 없이, 물건과 돈으로 가득 찬 슈퍼마켓에서 진정한 만족을 살 수 없다.*

"자급 정치는 하나의 모델이 아니라 과정"이라며 저자들이 제시하는 자급의 정치적 목적은 명쾌하다. 지역에서 나는 상품을 구매하고, 좋은 식품에 대해서는 정직한 가격을 지불해 소규모 농업을 보호하는 것. 다국적 기업과 국제무역기구의 농산물 유전자 조작, 전 지구적 식량 사유화 정책에 반대하며 장바구니 정치를 실천하는 것. 일과 노동 이슈를 임금 노동 체계 바깥을 상상하지 못하는 정치가, 자본

---

* 마리아 미즈·베로니카 벤홀트-톰젠, 앞의 책, 116쪽.

가, 노동조합에게 맡기지 않는 것. 가정주부를 포함한 비임금 노동자가 인정받도록 하는 것.

하지만 혼자 있으면 끼니를 잘 챙겨먹지 않는 나에게 시급한 건 자급 이전에 자립인 것 같다. 자신을 돌보지 않는 습관은 몸뿐만 아니라 마음까지 빈곤하게 만든다. 어느 해 연말, 서울에 사는 친구 집에 놀러갔을 때도 내 몸과 마음은 빈곤한 상태였다. 나는 '10명 중 1명이 혼자 사는 1인가구 시대에 이 외로운 빈곤함을 나만 느끼는 건 아니겠지, 자급은커녕 든든하게 먹고 자는 일상에서조차 멀어지는구나' 따위의 생각을 하며 친구네 집에 들어갔다. 이내 나는 조금 당황하고 말았다. 친구는 혼자서도 너무 잘 먹고 잘 살았던 것이다! 친구는 먹다 남은 치킨을 치우며 말했다. 플라스틱 나오는 게 싫어서 이제 배달 음식도 그만 시켜먹으려 한다고. 쓰레기를 정리한 후에는 아침에 먹을 국을 끓이며 말했다. 자기는 아침을 꼭 챙겨먹어야 한다고. 가끔 친구의 인스타그램에 올라오던 새순이 돋은 식물도 방 한 쪽에 놓여 있었다. 나는 친구의 자립이 자급에 가까워지는 것 같다고 생각했다.

자급의 삶이란 겨우 이렇게 시작하는 걸까. 잘 먹고 잘 자서 충만해진 삶으로 지구도 지키고 가족도 지키는 걸까. 내가 막 쓰기 시작한 이 시대의 자급 이야기에는 어머니가 없다. 누군가의 노동에 기대는 대신 스스로를 돌볼 줄 아는 자주적인 인간으로 살고자 발버둥치는 우리가 주인공이기 때문이다. 새로운 시대의 자급 이야기는 충분히 아름다울 것이고, 삶은 계속될 것이다.

.... 18 ....

기록되지 않은 노동자가
고난에 응답하는 법

『기록되지 않은 노동』

여성노동자글쓰기모임 지음, 삶창, 2016.

책을 읽다 잠이 들었다. 꿈속에서 나는 네댓 살 먹은 어린애다. 반지하 집에서 부모에게 '내가 그 심부름 할 수 있노라'고 고집을 부려 받은 돈을 손에 꼭 쥐고 나온다. 슈퍼로 향하는 어린아이 옆으로 히잡을 쓴 사람과 터번을 두른 사람, 한국인 같은 생김새로 중국 말을 하는 사람이 지나간다. 거리에는 한국어 간판과 한자로 쓰인 간판, 어린아이로서는 도무지 어느 나라 문자인지 알 수 없는 간판이 즐비하다. 낯설 법한 풍경이지만, 여기는 아이가 사는 동네다. 아이는 집 앞 골목에서 왼쪽으로 꺾으면 슈퍼가 있고, 슈퍼에서 오른쪽으로 걸음을 틀면 어린이집 가는 길이 나오며, 어린이집 가는 길에 중국식 빵을 파는 친절한 아저씨가 있다는 걸 잘 안다. 아이는 혼자 나선 심부름에 겁먹지 않았다. 게다가 걱정스럽고 흥미로운 표정으로 몰래 아이 뒤를 쫓는 부모가 있으니, 그 무엇도 아이의 첫 심부름을 좌절시킬 수 없다.

    내가 기억하지 못하는 나의 어린 시절은 나중에 전해들은 이야기로 재구성된다. 이번 이야기는 어린이집에 가는 길에서 시작한다. 첫 심부름을 할 때보다 조금 더 자란 아이는 동생을 업은 엄마 손을 잡고 어린이집까지 걸어간다. 그들은 높은 언덕길을 오른다. 엄마 손을 잡고 걷던 아이가 묻는다. 엄마, 엄마는 왜 운전을 못해? 아이가 질문한 이후, 언제부터인가 엄마는 운전면허 학원에 다닌다. 엄마는 해도 뜨지 않은 새벽에 일어나 집을 나선다. 운전면허를 딴 엄마는 차를 타고 어린이집에 있는 아이를 데리러 간다. 마트도 가고 일터도 가고 사는 동네에서 멀리 떨어진 곳에도 마음대로 간다. 엄마의 세상은 전보다 더 넓어졌다.

아이는 아직도 초등학생이 안 됐다. 아직도 누군가의 돌봄이 필요해서 어른이 데리러 오기 전까지 어린이집에서 논다. 아이를 데리러 엄마나 이모가 오고 때로는 아빠가 오지만 어떤 날은 다들 바쁘다. 어린이집에서는 저녁때가 지나도 집에 가지 못한 아이들을 모아 〈톰과 제리〉를 틀어준다. 고양이 톰이 생쥐 제리에게 속아 부딪히고 넘어지고 깨지는 에피소드를 보고 있으면 선생님이 애들을 한 명씩 부른다. 집에 가는 애들이다. 저녁 8시가 넘어서도, 그러니까 톰과 제리를 보고 또 봐도 이름이 불리지 않은 애들은 선생님과 함께 텅 빈 어린이집 사무실에서 어른을 기다린다. 선생님은 혼자 남은 아이와 이런저런 얘기를 나눈다. 나중에 아이를 데리러 온 어른은 다급하고 송구한 얼굴로 정말이지 늦어서 죄송하다고, 어서 퇴근하시라고 말한다. 아이는 반갑게 어른 품에 폴짝 안긴다. 어른의 그 다급한 마음도 모르고, 퇴근이 늦어진 선생님 마음도 모르고 싱글벙글 웃는 얼굴이다.

아이의 집에는 때때로 물건이 쌓인다. 고급 요구르트와

우유가 냉장고 가득 차거나, 베란다에 도서대여 배달 서비스 회사 로고가 찍힌 책가방이 잔뜩 쌓여 있거나, 셀 수 없이 많은 마스크팩 내용물과 포장지가 거실에 늘어져 있고는 한다. 아이는 비싼 요구르트와 우유를 원 없이 먹는다. 심심하면 연령대 별로 색이 다른 책가방 중 하나를 골라 읽는다. 엄마를 따라 마스크팩 내용물을 포장지에 접어넣는 일을 하기도 한다. 새 날이 밝을 때마다 물건은 조금씩 빠지고 들어온다. 아빠가 출근하고, 아이가 어린이집에 가면 엄마는 요구르트와 우유, 색색깔 책가방, 완성한 마스크팩 더미를 배달하기 위해 집을 나선다. 아빠가 한 직장에 20년 넘게 출근하고, 엄마가 육아를 비롯한 부업과 배달과 공부와 직장 일을 넘나드는 동안 아이가 자란다.

아이의 부모가 그랬던 것처럼, 아이는 어엿한 노동자가 됐다. 아이의 부모가 그랬던 것처럼, 아이는 의무와 의지 사이에서 하고 싶고 할 수 있는 일을 한다. 일하는 여자들이 그랬던 것처럼, '여자 일'을 하찮게 여기는 차별적인 대우에 분노한다. 그리고 많은 노동자가 그랬던 것처럼 노동에서 보람을 찾고 자긍심을 찾는다. 아 그런데 그게 참 쉽지 않은 일이지, 생각할 즈음 나는 잠에서 깨어난다. 책상에 엎드린 얼굴과 팔 사이 『기록되지 않은 노동』이 놓여 있다. 이 책을 읽다 잠든 덕분에, 내 어린 시절을 보살핀 여성노동자들을 다시 만났다.

『기록되지 않은 노동』은 2003년 서울에서 시작한 여성노동자글쓰기모임이 여성주의저널 「일다」에 연재한 글을 모아 출판한 책이다. 바로 곁에서 일하는 여성노동자가 있는데 잘 보이지도 들리지도 않으니 그들을 기록해보자고 해서 시작된 일. '거창한 기획이 아니었'던 글들이 모여 선명한 맥락을 그려냈다. 여성이 하는 노동의 가치는 늘 평가절하된다는 것. 그래서 임금을 조금 주거나 그마저 밀려도 문제가 안 되고, 당일에 해고해도 괜찮고, 성희롱이나 성추행을 당해도 어쩔 수 없다는 것. 돈 벌고 싶으면, 잘리기 싫으면, 시키는 대로 해야 한다는 것. 고객이 얼굴에 침을 뱉어도, 욕을 해도 웃어야 한다는 것.

그럼에도 불구하고 여전히 일하는 여성노동자가 있다. 4대보험이 안 되고, 퇴직금이 없고, 밉보이면 일을 받을 수 없는 처지임에도 누군가에게는 삶인 직업이니까. 그들에게는 생계가 걸려 있고, 자긍심을 느낄 수 있고, 자신의 존재를 확인할 수 있는 소중한 일이니까.

그 '누군가'는 짧은 기간 우유 배달을 비롯한 부업을 했던 내 엄마이거나, 나를 돌봤던 어린이집 선생님이거나, 내가 거리에서 스쳐 지났던 여성 이주노동자다. 혹은 내가 만난 적 없는, 관심 가진 적 없는 '기록되지 않은' 여성노동자다. 그림자처럼 일해온 여자들의 목소리가 너무 생생해서 나는 나를 보살핀 여성노동자들을 떠올리지 않을 수 없었다. 일상적으로 그들을 만나는 동안 나는 무엇을 바라고 무엇을 보지 못했던가. 그들은 무엇을 바랐고 무엇을 말하지 못했던가.

시간을 탄력적으로 사용할 수 있다는 점 때문에 한때 많은 기혼 여성이 선호했던 '야쿠르트 판매원'은 특수고용직으로 기본급이 없고, 4대보험 가입과 교통비·식대·퇴직금 지원을 하지 않는다. 연차휴가를 낼 수 있는 시스템이 갖춰지지 않아 아프거나 상을 당해도 일을 쉴 수 없다.

다른 일에 비해 일당이 높은 '대리운전' 역시 업체에 높은 수수료를 떼이고, 차 사고라도 날까 전전긍긍하고, 업체 간 경쟁으로 계속 건당 가격이 내려가 일하기 힘든 건 마찬가지다. 여기 더해 여자 대리기사들은 남자 대리기사들에게 "왜 여잔데 이걸 하고 있느냐, 왜 우리 밥그릇 뺏어 가느냐"거나 "여자니까 팁 많이 받겠네, 손님이 좋아하겠네" 따위의 소리를 듣는다. 여성이 대부분인 야쿠르트 판매원과 같은 직종은 '여자가 하는 일'이라는 이유로 노동에 대한 정당한 대우를 하지 않는 반면, 여성 대리기사가 많지 않은 대리운전 업계는 여성노동자의 존재 자체를 반기지 않는 것이다.

하긴, 톨게이트 수납 업무를 보는 여성노동자에게 고객들이 일상적으로 밝은 미소와 인사라는 서비스를 요구하는 지경이니. 요금을 덜 냈다는 수납원 말에 '좆까네' 욕을 하고, 수납원 얼굴에 침을 뱉고, 새벽에도 '인사 안 해요?'라며 늘 친절한 서비스를 원하는 고객을 응대하는 이들에게 돌아오는 건 '직접고용'이 아닌 자회사 채용, 또는 집단 해고인 세상이니. 이 책에 나오는 여자들이 가진 직업과 삶의 조건은 전부 다르지만, 어쩐지 이들이 같은 이야기를 하고 있는 것 같다. 우리 이렇게 열심히 일해서 살아내고 있다고. 부당한 상황에 눈감지 않으려고 가진 힘을 다해 싸우고 있다고.

그리고, 나는 내 일이 다른 무엇보다 좋다고.

"나는 밥 해주려고 태어난 것 같아, 진짜. 어떨 때 보면 진짜. (웃음) 사람들 밥 해주러 태어난 사람 같아. 이제는 천직으로 받아들이기로 했어. 애들이 맛있게 먹으면 좋고, 급식하고 나서 애들이 참 밝아졌어요. 급식하고 나서 결석률이 많이 줄었대. 왜냐면 공부는 안 하더라도 밥은 먹으러 오는 거야. 진짜로."*

---

* 여성노동자글쓰기모임, 『기록되지 않은 노동』, 삶창, 2016, 269~270쪽.

"환자를 보는 게 내 운명이었나 싶어요. 돌보는 일은 나한테는 나 자신이었던 것 같아요. 내가 힘든 인생을 살았잖아요. 내가 겪어온 일의 어려움이, 돌보는 일을 해보니 힘든 인생이 거기에 다 있는 거 같았어요. 사람을 돌보는 일이 내 인생이 아니었나…"*

좋은 인터뷰의 소중함은 주변을 돌아보게 만든다는 데 있다. 이 인터뷰의 소중함은 자신의 노동 현장을 말하는 여자와 듣는 여자가 공명한다는 데 있다. 나는 책을 덮은 뒤 엄마에게 책에서 읽은 여자들의 노동에 대해 들려준다. 정말이지 어려운 상황에서 일하는 사람이 많더라고, 그중에도 당사자의 의견을 묻지 않거나 낮춰 대하는 수직적 구조는 나도 꽤나 익숙하더라고. 내 이야기를 가만히 듣던 엄마는 자기 자신과 자신의 딸, 혹은 수많은 여자들이 처한 노동의 어려움에 대해 이렇게 말한다.

"고난을 대하는 태도가 중요해."

고난 앞에서 절망하고 돌아서지 않는 태도. 주저앉지 않

---

*   여성노동자글쓰기모임, 앞의 책, 153쪽.

는 태도. 고난을 직면하고 대응하는 태도 말이다.

    그제야 여성노동자들의 말이 절망적이게만 들리지 않았던 이유를 깨닫는다. 기록되지 않은 노동의 절망을 읽었다고 생각했지만, 실은 더 나은 노동을 위한 크고 작은 싸움을 읽었던 것이다. 눈물을 보았다고 생각했지만, 실은 삶을 꾸리는 과정을 보았던 것이다. 한숨 소리를 들었다고 생각했지만, 사실 한숨 뒤에 따라온 긍지 어린 웃음소리를 듣지 못했던 것이다. 노동의 고난은 계속된다. 나는 내일의 고난을 맞이하기 전, 고난에 응답하는 태도를 일하는 여자들에게 배운다.

.... 19 ....

우리의 입술이
저절로 말할 때

『하나이지 않은 성』

뤼스 이리가레 지음, 이은민 옮김, 동문선, 2000.

한 인간 존재가 탄생하기도 전에 유년시절을 점령하는 이론이 있다. 오이디푸스 콤플렉스. 그런데 과연 이론대로 남자 아이가 남근기를 거치며 어머니를 욕망하듯 여자 아이는 자신에게 없는 페니스를 욕망할까? 페니스가 없는 어머니를 외면하고, 아버지로부터 페니스를 얻고 싶은 욕구는 아이를 잉태하고 싶은 욕구로 대체될까? 과연? 진실은 중요하지 않다. 이미 견고하게 뿌리내린 이론이 수많은 아이들의 유년시절을 형성한다. 무의식이라는 희뿌연 물이 흐르는 강가에 남근 중심 사상이 자란다.

여성의 성욕도 개인의 욕구와 상관없이 이미 정해져 있다. 여성이 어린 시절 한때 능동적이고 공격적일지라도 자신이 남자와 비교도 안 되게 작은 페니스를 가졌다는 사실을 깨달으면 좌절하고 만다는 것. 여성의 음핵은 너무, 너무 작으니까. 여성은 남자 아이를 낳는 날까지 페니스를 욕망한다는 것. 남근 중심 사상이라는 늙은 나무 아래, 그늘진 자리에 움츠려 피어나지 못하는 것.

설령 여자 아이가 페니스를 욕망하지 않는다고 해도, 자신의 음핵과 질과 어머니를 사랑한다고 해도, 아이는 자신의 욕망을 찾아 나서서는 안 된다. 그건 어느 정신분석학 이론에서 뻗어 나온 여성성이니, 순결이니, 정조니 하는 것들을 망각하는 일이기 때문이다.

에구 그럼 어쩌나, 입 한 번 제대로 못 열고 집구석에 틀어박혀 억눌린 성욕이나 부여잡고 사는 신경증 걸린 여자의 일생이라니. 누군가 내 왼쪽 귀를 부여잡고 속삭인다. "다 그렇게 살았어." 그런데 또 다른 누군가 내 오른쪽 귀를 부여잡고 말하네. "너의 입술을 열어."

섣불리 입술을 열고 말하기 전에, 이 질문부터 답해보자. "당신은 여자인가?" 이리가레에 따르면 이 질문은 '다른 것'이 있다는 사실을 말하기 위한 것이다. 나는 우리를 규정짓던 확실하고 단단한 이름 너머 또 다른 정체성을 상상한다. 질문에 답하기 위해 새로운 언어와 태도를 찾는다. 다른 가능성을 암시하는 질문은 담화의 새로운 영역을 여는 열쇠가 된다.

아무런 단서 없이 '당연한 것'을 의심하고, '다른 것'을 찾으려니 막막하기만 하다. 좀 편하게 살자고 미뤄두고 덮어뒀던 의구심까지 한 번에 밀려오니 어쩔 줄을 모르겠다. 당장 떠오르는 것만 해도 열댓 가지. 권위 앞에서 입 닫고, 권리 앞에서 뒷걸음치고, 내 방 안에 꼭꼭 숨었던 날들. 내 욕망이고 뭐고, 남의 욕망도 존중하지 못했던 날들. 무의식 중에 몸에 밴 세상의 규칙이 부끄러움이 되고, 콤플렉스가 된 오늘.

그 대답을 찾는 내 앞에 놓인 아름다운 글.

만일 네가/내가 말하기를 머뭇거린다면, 우리가 잘 말하지 못하지는 않을까 하는 두려움을 갖고 있는 것은 아닌가? 그러나 잘 말한다는 것과 어눌하게 말한다는 것은 도대체 무엇인가? '잘' 말하면서 우리는 무엇에 일치하려고 할까? 거기에서 어떤 위계질서·종속이 우리를 힘들게 할까? (중략)
만일 네가 '잘' 말하기를 원한다면, 너는 억압을 느끼고, 올라가면서 더 편협해지게 된다. (중략)
자만하지 말아라, 너는 우리를 떠나게 된다. 하늘은 저기 높은 곳에 없다. 그것은 우리들 사이에 있다. (중략)
서둘러 우리들의 문장들을 만들어보자.*

긴 글을 쉼 없이 읽으며 낯선 풍경을 상상한다. 짠 내음이 수시로 밀려오는 바닷가 마을에 한 무리의 '우리'가 도착하는 모습. 우리는 광활한 모래사장에 불어오는 바닷바람을 피해 야트막한 언덕에 올라선다. 함께 있다는 동질감, 울타리 바깥에서도 사랑할 수 있다는 자유로움에 우리는 소리를 지른다. 곧 몸을 뉘일 집을 지어야 할 것이고, 먹을 밥을 지어야 할 것이고, 노동이 끝난 저녁이면 무엇을 할지, 어떤

---

* 뤼스 이리가레, 『하나이지 않은 성』, 이은민 옮김, 동문선, 2000, 283~286쪽.

약속을 지키며 살아갈지 정해야 할 테지만 그건 우리가 지금은 알지 못하는 새로운 언어로 하나씩 쌓아나가야 할 과제이다. 그럼에도 불구하고 누군가는 여전히 머뭇거리며 입을 떼지 않는다. 초조해하고, 두려워하고, 어딘가 알지 못하는 곳에 이르고자 한다. 바람 소리가 잠시 멎었을 때 어떤 이가 묻는다.

"'잘' 말하면서 너는 무엇에 가닿으려고 하는 거야?"

그는 답할 말을 찾지 못한다. 그저 내가 모르는 무언가에, 이곳이 아닌 어딘가에 닿고자 한 거였으니까. 길을 몰라 헤맨 세월이 너무 길었으니까. 내가 찾던 길이 우리들 사이에 있는 줄은 몰랐으니까.

탱자에서 페미니즘을 공부해온 시간을 돌아보는 지금, 나는 그 해변가로 향하는 항구에 선 기분이다. 항구에 오기까지 여자가 무엇인지, 성차를 어떻게 바라봐야 하는지, 페미니즘 이론에서 어떤 질문을 가지고 새로운 담론을 만들어야 하는지 매일같이 얘기했지만 아직 10분의 1도 이해하지 못했다. 다만, 항구에 도착해서야 명확히 알게 된 건 내가 부실하고 볼품없어도 집단이나 계층 구성원 이전에 '나'라는 게 존재한다는 것. 나는 이제 타인을 바라볼 때도 타인의 '나'에서 출발하려고 애써본다.

서둘러, 우리들의 문장을 만들어보자. 다음 세대라는 게 있다면, 그때는 이 책이 말하는 새로운 담론, 다른 세상이 펼쳐져야 마땅할 테니까. 문장의 주어는 '해방된 나'로 시작한다. '나'로 시작한 문장이 '너'에게 건너가려는 참이다.

············· 20 ·············

뒤늦은 선언

『페미니즘 탐구생활』

게일 피트먼 지음, 박이은실 옮김, 사계절출판사, 2019.

『페미니즘 탐구생활』을 읽으면서 새삼 기초가 얼마나 중요한지 깨닫는다. 이 책은 페미니즘을 제대로 탐구하기도 전에 여성혐오를 마주하고 날선 질문을 받았던 지난날의 나에게 들려주고 싶은 이야기가 가득 차 있다. 예를 들면 첫 번째 장 「여자는 화내면 안 된다?」에 나오는 구절처럼.

> "그러니 기억하세요. 자신의 분노에 귀를 기울이세요. 그리고 화를 내는 것은 평범한 일이라는 점을 스스로에게 다시금 알려주세요. 무슨 일이 일어날지는 그런 다음에 생각해 보자구요."*

나는 페미니즘을 여성혐오와 미러링으로 접했다. 그때 많은 여자애들이 '너 메갈이야?'라는 질문을 받았고 나도 그중 하나였다. 우리는 모여 앉아 시사 주간지에 실린 온라인 여성혐오 담론 분석 기사를 읽으면서 질문에 뭐라고 답하면 좋을지 고민했다. 그 질문은 실제 온라인 커뮤니티 활동 여부를 묻는 것이기도 했겠지만, 그것보다는 '네가 미러링에 동의하는 여자인지'를 판단하는 잣대로 쓰였다. 당연히 질문을 마주한 우리는 늘 곤혹스러웠다. 메갈이 아니라고 하

---

* 게일 피트먼, 『페미니즘 탐구생활』, 박이은실 옮김, 사계절출판사, 2019, 18쪽.

면 여성혐오를 외면하는 것 같고, 메갈리안이라고 하면 상대가 더는 내 말을 듣지 않을 것 같았다.

그런 와중에 강남역 화장실에서 어떤 여자가 목숨을 잃었다. 우리는 화장실에서 살인당한 여자가 자신일 수도 있었음을 본능적으로 알았다. 이후 나는 메갈이냐는 질문에 적극적으로 대답하기 시작했지만, 평행선 같은 대화의 끝에는 늘 분노만 남았다. 나와 대화하던 상대는 강남역 살인사건이 여성혐오 문제가 아니라며 페미니즘 이슈를 이렇게 진단했다. "페미니즘 어차피 몇 년 안 가. 3년이면 쥐죽은 듯이 조용해질 걸."

그로부터 4년이 지난 오늘, 그때를 떠올리며 페미니즘의 기초를 다진다. 『페미니즘 탐구생활』이 단지 10대를 위한 책이라고 생각한 건 내 잘못이다. 처음 책을 펼쳐 목차를 읽을 때는 그럴 수밖에 없었다. 「여자는 두뇌보다 얼굴이라고?」 「여자용, 남자용이 어디 있어?」 「예쁘고 날씬한 여자만 나오는 이상한 세계」와 같은 제목이 너무 쉬운 질문이라고 생각했기 때문이다. 하지만 내용을 자세히 들여다보자 나 역시 한번쯤 고민했던 질문이 등장했다.

「선택의 자유? 구조적 한계?」
「자궁이 있어야 '진정한' 여자일까?」

「나는 페미니스트는 아니지만…?」

위의 질문들을 포함한 총 스물여섯 가지 질문들이 거울처럼 나를 비춘다. 친구가 늘 괴롭게 다이어트와 꾸밈 노동을 하면서도 친척들 잔소리 때문에 어쩔 수 없다고, 또 자기만족으로 하는 거라고 했을 때 할 말을 찾지 못했던 나. 나를 페미니스트라고 부르기는 좀 어색하다고 여긴 순간들. 정해진 성별을 한 번도 의심하지 않았던 내 지난 시간들. 흥미로운 주제부터 읽어도 된다는 게일 피트먼의 안내에 나는 의구심을 접어두고 목차에 적힌 쪽번호를 따라 책을 펼쳤다. 그리고 얼마 안 가 허리를 곧추세웠다. 다정한 서술로 페미니즘의 역사와 다양한 갈래, 세상과 맞서 싸운 여자들의 이야기를 들려주는 게일 피트먼이 페미니즘을 탐구하는 데 시시한 건 없단다, 라고 말하는 것 같았기 때문이다.

모든 장은 누구나 가질 법한 의문으로 시작한다.

"말하고 있던 여자 말인데요, 화장을 하고 있었어요. 그리고 염색을 한 것 같았어요. 어떻게 미디어를 비판하면서 여전히 그런 것들을 하죠? 틀림없이 진짜 페미니스트는 아니에요."
그러자 다른 학생이 뛰어들었어요.

"화장을 하고 싶어 한다면 그건 그 여자의 선택이라고 생각해요. 페미니즘은 선택의 자유를 갖는 것에 대한 거 아닌가요?"*

게일 피트먼은 페미니즘이란 무엇보다 각자의 자유로운 선택에 관한 것이라고 말한다. 자유주의 페미니즘에 따르면 여성과 남성은 동등한 역량과 능력을 갖기 때문에 누구나 성별과 무관하게 평등한 기회를 누려야 한다. 여기서 게일 피트먼이 던지는 질문. "그러나 우리가 하는 모든 선택이 정말 자유로운 선택일까요?"**

> 많은 페미니스트들은 성노동이 합법적인 일이자 여성들이 선택할 수 있는 직업이라고 인정받기 위해 열심히 싸워 왔어요. (중략) 여성들은 공정한 임금, 합당한 노동 시간, 성희롱 없는 직장에 대한 권리를 주장하고 있죠. (중략) 그렇지만 또 다른 면도 있죠. 매매춘 종사자의 대다수는 가난한 유색인 여성이고 성적 학대를 당한 적이 있는 여성이에요. 이 여성들에게 성노동은 자유로운 선택이 되기 어려워요. 다른

---

* 게일 피트먼, 앞의 책, 170쪽.
** 게일 피트먼, 앞의 책, 171쪽.

선택지가 없었기 때문에 그 '선택'을 하게 된 거죠.*

어쨌든 선택권은 우리 각자에게 있다. 집을 나설 때 배꼽티를 입든 추리닝을 입든, 시간을 들여 풀메이크업을 하든 자다 깬 얼굴로 세수만 하든 온전히 내 마음대로 해야 한다는 뜻이다. 하지만 내가 배꼽티를 입었다는 이유로 핀잔을 듣는 것, 모르는 사람에게 추행당하는 것, 또는 추리닝을 입고 화장하지 않은 모습이 '예의'의 실종과 연관 지어지는 것은 부당하다. 게일 피트먼은 진정한 선택이란 여성들이 마주한 구조적 제약을 제거하는 데서 온다는 것을 강조한다. 그건 곧 여성들이 당연히 가져야 할 권리를 말한다.

나는 명쾌한 설명 앞에 잠시 멈췄다. 겉모습을 자주 꾸미지 않는 내가 마주할 세상은 어떤 곳일까. 나시티를 입은 나를 향한 '가슴 다 보인다'는 핀잔에 나는 뭐라고 말해야 했을까. 살을 빼기 위해 안 먹어본 다이어트 식품이 없다는 대화의 틈바구니에서 "그게 진짜 네 선택일까?"라고 물으면 대화는 어떤 방향으로 흘러갈까. 명쾌한 설명을 들었고, 다음은 내 몫이다. 나는 내 선택만 옳다고 믿지 않을 것이다. 그리고 그 일에는 내가 모르는 입장과 상황과 맥락을 이해

---

* 게일 피트먼, 앞의 책, 171~172쪽.

하려는 노력이 필요하다.

그러니까 무거운 엉덩이를 들어 조금 다른 관점에 서보자. 어느 트랜스젠더 여성의 절박한 질문이 들린다.

> 난 당신 앞에 무릎을 꿇고, 꿇어앉아서, 당신 눈을 들여다보면서 말하고 싶다. "말해줘요! 여성임을 확신하는 게 어떤 건지 말해줘요!"*

내가 여성임을 확신하는 이유는 무엇일까. 자궁이 있으니까… 어릴 때부터 여자애라고 들어왔으니까… 이런저런 이유를 들어보다가 그만둔다. 젠더를 가로지르는 무법자 앞에서 '진정한 여성'이란 생물학적 여성으로 태어난 사람이어야 한다고 말하기가 무색해서다. 무법자는 덧붙여 말한다.

> 우리 영혼에는 가능성이 가득한데도, 우리는 더 많은 사람에게 받아들여지도록 자신을 사회적으로 처방된 이름과 범주에 묶어둔다. 우리는 누구라도 생각해 볼 필요가 없는 정체성을 취한다. 아마 그것이 우리

---

* 케이트 본스타인, 『젠더 무법자』, 조은혜 옮김, 바다출판사, 2015, 277쪽.

가 남자와 여자가 되고 그렇게 남는 이유일 것이다.*

1976년의 여성들, 특히 레즈비언들이 안전하고 자유롭게 스스로를 표현할 수 있는 공간을 만들고자 시작된 '미시건 순여성 음악제'에서는 다른 이야기가 펼쳐진다. 이곳에는 '순여성', 즉 여성으로 태어난 사람만이 입장할 수 있었다. 몇 년 동안은 트랜스젠더 여성이 몰래 들어오지 못하도록 속옷검사를 실시하기도 했다. 게일 피트먼은 이를 '트랜스 배제적 급진적 페미니즘'이라고 부른다. 게일 피트먼은 이들이 남성으로 태어난 트랜스 여성이 남성 특권을 누려왔다는 이유로 순여성만의 공간을 주장하는 것이며, 트랜스젠더와 간성인 활동가가 이에 대항해 싸워왔다는 설명도 잊지 않는다. 마치 답이 아니라 질문을 주려는 것처럼.

> 그러니 시간을 좀 두고 스스로에게 이 질문들을 던져보세요. 무엇이 소녀를 소녀로 만들고 여자를 여자로 만드나요? 그것은 몸일까요? 경험일까요? 다른 사람이 어떻게 대하느냐일까요? 그리고 여성은 여성이기 위해서 통일된 '여성' 경험을 공통되게 가지고 있어

---

* 케이트 본스타인, 앞의 책, 113쪽.

야 할까요?*

 『페미니즘 탐구생활』은 질문을 던지는 데 그치지 않는다. 각 장에서 오늘날의 페미니즘을 만들어온 여성, 유색인, 레즈비언, 게이 남성, 양성애자, 트랜스젠더를 '페미니스트 역사'에서 소개하며 독자를 페미니즘의 길로 이끈다. 누구도 배제하지 않는 역사라서 편안히 읽을 수 있었다. 이 역사에 따르면 백인이나 고학력자뿐만 아니라 다양한 인종과 성적 지향을 가진 이들이 억압에 굴하지 않고 저항해온 시간이 오늘을 만들었다. 우리는 여기서 닮고 싶은 페미니스트를 만날지도 모른다. 그건 우리 각자가 각자의 방식으로 사유하고, 글 쓰고, 말하고, 행동할 길을 찾았다는 뜻이기도 하다.
 나는 행동하는 감각을 거리에서 배웠다. 엄마 아빠를 따라간 노동자들의 집회장에서 친구들과 뛰어 놀면서 말이다. 나를 둘러싼 어른들이 왜 천막에서 잠을 자고, 머리에 띠를 두르고, 추운 저녁에 모여 구호를 외치는지 정확히는 몰라도 그들이 옳은 일을 한다는 느낌과 신나는 분위기 덕분에 따라나서는 걸 주저하지 않았다. 집에 돌아와서는 나치

---

* 게일 피트먼, 앞의 책, 247쪽.

치하에 살았던 유대인 안네 프랑크의 일기를 읽으며 눈물을 훔쳤다. 어린 나는 거리에서 본 어른들처럼, 안네 프랑크처럼, 어딘가 부조리한 세상에 맞서는 사람이 되자고 결심했던 것이다.

막상 어른이 되니 부조리한 세상을 묵묵히 살아가는 데 얼마나 많은 노력이 필요하던지. 부조리한 걸 부조리하다고 말하기까지 얼마나 많은 용기와 논리를 요구하던지. 그러는 동안 돈은 또 얼마나 열심히 벌어야 하던지. 내가 어릴 때 깨우친 감각은 그때의 감각일 뿐, 빠르게 변하는 세상 속에서 길을 찾는 건 온전히 내 몫이라는 사실을 뒤늦게 깨달았다. 정말이지 두려운 깨우침이었다. 자칫하면 또래 남자애들에게 '괜찮은 여자애'가 되고 싶어서 전전긍긍했던 과거의 나처럼, 부당하다고 느껴도 말하지 못하는 바보로 살게 될 것만 같았다.

나는 나를 잃고 싶지 않아서 지리산자락 '아주 작은 페미니즘학교 탱자'에 입학했다. 하루는 퇴근 후 집에 돌아가 그달에 같이 읽기로 한 페미니즘 저서(캐럴 제이 애덤스의 『육식의 성정치』였다)를 펼쳤는데, 사람이 아닌 동물 이야기가 나왔다. 그 책은 여성을 억압하지 말라고 외치는 페미니스트가 암컷 동물을 착취한 우유와 달걀을 아무런 사유 없이 먹어도 되냐고, 동물의 사체(고기)가 한때 살아 숨 쉬고 느끼는 생명이었다는 걸 잊어서야 되겠냐고 묻고 있었다. 지구상에 살아가는 수많은 존재를 염두에 둔 질문이었다. 나라는 존재의 경계를 넘어서자 질문은 기후위기로, 탈육식으로, 나와 다른 인종과 성적 지향을 가진 사람의 말로 순식간에 옮겨붙었다. 흑인 페미니스트 연합 컴바히강의 집단 선언문에 내 마음을 빼앗겼던 것처럼.

> 현재 우리의 정치를 설명하는 가장 적절한 말은 우리가 인종적, 성적, 이성애 중심적, 계급적 억압에 대한 저항에 적극적으로 헌신한다는 것이며, 특별히 우리가 해야 할 일은 주요 억압 체제가 상호 연동한다는 사실에 기반한 통합적 분석과 실천을 개발하는 것입니다.*

또는 글로리아 스타이넘의 말에 고개를 끄덕였던 것처럼. 낙태 말하기 행사에 참석해 자신이 낙태 경험을 통해 깨달은 것을 말하는 스타이넘은 개인적인 것과 정치적인 것이 어떻게 연결되는지를 정확히 보여준다.

---

* 게일 피트먼, 앞의 책, 106쪽.

그것(낙태)은 우리를 나쁜 사람으로 만드는 것으로 여겨진다. 그러나 나는 그런 식으로 느낀 적이 한 번도 없었음을 말해야겠다. (중략) 나 스스로에 대해 말하자면 나는 그때가 처음으로 내가 내 인생에 책임을 지게 된 때임을 알았다. 어떤 일이 내게 일어나도록 가만히 앉아 두고 보지는 않을 것이었다. 나는 내 삶의 방향을 스스로 정할 것이었고, 따라서 내게 낙태는 긍정적인 것으로 느껴졌다.[*]

역사에 몇 없는 남성 페미니스트의 연설도 있다. 노예제 폐지론자인 프레더릭 더글러스는 여성 참정권 운동을 이끌어낸 1848년 세네카 폴스 대회에 참석한 남성 중 한 명이다.

남성은 자신의 잘못을 알지도 느끼지도 못하지만, 여성들은 자신들의 잘못을 알고 또 느낍니다. 그리고 여성은 또한 그것을 구제하는 데 필요한 수단이 무엇인지 남성이 아는 만큼 알고 있습니다. 나는 이 점에서 모든 주장을 보증합니다. 여성은 여성 자신이 가장 잘 대표합니다. 우리는 그녀를 위해 말할 수도, 투

---

[*] 게일 피트먼, 앞의 책, 282쪽.

표할 수도, 행동할 수도, 책임을 질 수도 없습니다.*

이 책에서 닮고 싶은 페미니스트를 찾아냈다면, 이제 시작이다. 행동할 시간이다. 324페이지에 걸쳐 스물여섯 가지 질문을 던지고, 수많은 페미니스트 역사를 소개하고, '바로 해보는 페미니즘'을 통해 우리를 페미니즘의 세계로 이끈 게일 피트먼은 마지막 장에서 자신이 만든 시를 소개한다. 《뉴욕 타임스》에 실렸던 기사 "도널드 트럼프가 여성들의 진술을 '중상모략'이라 말했다" 중 눈에 띄는 단어 몇 개를 골라 남기고 나머지 면을 전부 까맣게 칠해 만든 '암전시'다.

모든 여성들에게, 개인적인 것은 정치적인 것이며
우리는 성차별적 거짓말에 이의를 제기합니다.**

2019년 10월 14일 가수 설리가 목숨을 잃었다. 강남역 살인사건이 일어났을 때는 화가 났는데, 이번에는 자꾸 눈물이 났다. 결코 가볍지 않은 죄책감이 들었다. 나는 나로 살고자 했던가. 『페미니즘 탐구생활』에 나오는 것처럼 분

---

* 게일 피트먼, 앞의 책, 237쪽.
** 게일 피트먼, 앞의 책, 324쪽.

노하고, 표현하고, 저항하고, 내가 바로 페미니스트라고 선언해봤던가. 너희가 그렇게 좋아하는 브래지어, 나는 하고 싶을 때만 할 거고, 그건 하나도 이상한 일이 아니라고 소리 높여 말해봤던가. 자기 자신으로 살고자 하는 사람을 응원했던가. 그가 외롭지 않도록, 너무 많이 슬프지 않도록 목소리 보태봤던가.

지난 시간 동안 나는 스스로를 페미니스트라고 불러본 적이 없었다. 언제나 어렵고, 무겁게 느껴지는 페미니즘이라는 단어를 섣불리 내 이름 앞에 붙일 수 없었다. 책으로 수많은 페미니스트를 만나면서도 왜 몰랐을까. 페미니즘은 자기 자신으로 살고 싶은 모든 사람을 호명하는 이름이라는 것을. "우리 모두가 페미니즘에서 도망치는 대신에 페미니즘의 힘을 주장하면 세상이 얼마나 달라질지 상상해보세요"*라는 게일 피트먼의 말이 메아리처럼 울린다. 나는 책을 덮고, 눈물을 닦고, 오늘에서야 뒤늦은 선언을 한다.

나는 페미니스트다. 그녀를 지키고 싶기 때문이다.

---

* 게일 피트민, 앞의 책, 207쪽.

그을린 얼굴로 웃기가 왜 이렇게 어렵지

초판 1쇄 발행 2021년 4월 26일

지은이	김예림
펴낸곳	포도밭출판사
펴낸이	최진규
등록	2014년 1월 15일 제2014-000001호
주소	충청북도 옥천군 옥천읍 성신로 16, 필성주택 202호
전화	070-7590-6708
팩스	0303-3445-5184
전자우편	podobatpub@gmail.com
웹사이트	podobat.co.kr

ISBN   979-11-88501-18-2 03800

이 책은 저작권법에 따라 보호받는 저작물이므로
무단 전재와 복제를 금합니다.

책값은 뒤표지에 있습니다. 잘못된 책은 바꾸어 드립니다.